中宣部 **2023** 年主题出版重点出版物
教育部全国高校出版社主题出版

·科技前沿普及丛书·

GZC 高校主题出版
GAOXIAO ZHUTI CHUBAN

腾飞的中国
大飞机

沈海军　著

西南交通大学出版社
·成　都·

内容简介

C919 大飞机承载了振兴我国民航工业的重任，全国上下寄予了厚望，在其成功研制，并交付商业运营之际，给大众推出一本全面介绍 C919 的图书显得十分及时和重要。本书共分为十一章。第一章介绍了大飞机的定义；第二章、第三章记载了中国民航工业的发展历程；第四章、第五章叙述了中国大飞机坎坷的研发过程；第六至八章依次介绍了 C919 飞机的系统构造和研制中的若干关键技术；第九章介绍了我国大飞机的优势、生产模式与产业链；第十章、第十一章介绍了下一代中国的宽体客机 CR929 以及中国民用航空发动机的发展现状。

本书紧跟我国大飞机发展动态，回顾了我国大飞机的研发历史，在审视大飞机研制过程的同时，也展望了国产大飞机的美好愿景，既可作为大中小学科技史类课程思政教材，也可作为普通大众与航空爱好者了解国产大飞机的通识读本。

图书在版编目（CIP）数据

腾飞的中国大飞机 / 沈海军著. -- 成都 ：西南交通大学出版社，2024.1

ISBN 978-7-5643-9589-6

Ⅰ. ①腾⋯ Ⅱ. ①沈⋯ Ⅲ. ①民用飞机 – 航空工业 – 中国 Ⅳ. ①F426.5

中国国家版本馆 CIP 数据核字（2023）第 229780 号

Tengfei de Zhongguo Dafeiji

腾飞的中国大飞机

沈海军　著

出 版 人	王建琼	
策 划 编 辑	黄庆斌	
责 任 编 辑	韩洪黎	
责 任 校 对	阎冰洁	
封 面 设 计	观止堂_未氓　曹天擎	
出 版 发 行	西南交通大学出版社	
	（四川省成都市金牛区二环路北一段 111 号 西南交通大学创新大厦 21 楼）	
营销部电话	028-87600564　028-87600533	
邮 政 编 码	610031	
网　　　址	http://www.xnjdcbs.com	
印　　　刷	四川玖艺呈现印刷有限公司	
成 品 尺 寸	170 mm × 230 mm	
印　　　张	11.5	
字　　　数	167 千	
版　　　次	2024 年 1 月第 1 版	
印　　　次	2024 年 1 月第 1 次	
书　　　号	ISBN 978-7-5643-9589-6	
定　　　价	48.00 元	

大飞机一般是指起飞总质量超过 100 吨的运输类飞机，包括军用大型运输机和民用大型运输机，特别是一次航程达到 3000 千米的军用飞机或 100 座以上的民用飞机。国际航运体系习惯上把 300 座以上的客机称作"大型客机"，我国则一般把 150 座以上的客机称为"大型客机"。大飞机是一个国家工业、科技水平和综合实力的集中体现。大飞机的研发是我国人民多年的愿望，对增强我国的综合实力和国际竞争力，使我国早日实现现代化具有极为重要的意义。

2001 年至 2003 年期间，两院院士王大珩等人多次向中央建言，希望国家重视大飞机的研制。2003 年 6 月，《国家中长期科学和技术发展规划纲要》编制工作正式启动，为此成立了国家重大专项论证组，"大飞机"入选"重大专项"。经过 8 个月的工作，论证组在上海、西安等地进行了实地考察，并向国务院提交了一份报告，建议上马大飞机。

基于这份报告，2006 年 2 月国务院发布的《国家中长期科学和技术发展规划纲要（2006—2020 年）》中，大型飞机被确定为"未来 15 年"力争取得突破的"16 个重大专项"之一。在同年召开的第十届全国人民代表大会第四次会议上，时任国务院总理温家宝郑重宣布，中国将启动大飞机研制项目。为此，国务院成立了大型飞机重大专项领导小组，组织了专家论证委员会开展论证，并在半年后形成了《大型飞机方案论证报告》。2007 年 2 月，国务院常务会议召开，原则批准大型飞机研制重大科技专项正式立项。至此，争论多年的"大飞机项目"终于尘埃落定。

2008 年 5 月，中国商用飞机有限责任公司在上海宣布成立，中国"大飞机"研制工作实质性启动。如今，我国自主研发的单通道、中短程干线客机 C919 已经取得民用适航证，首架飞机交付给东方航空公司，国产大飞机已经实现了从研发到商用的实质性转折，中国民用航空业迈上了国产化的快车道。

然而，C919 并非中国第一次启动的大飞机项目。1949 年以来，中国大飞机项目的研发曾走过一条极其坎坷曲折的道路，积累了大量宝贵的经验，也留下过惨痛的教训。

1966 年，国家下达研制运 -7 飞机的任务，1968 年完成全部设计并投入试制。1970 年，运 -7 飞机成功实现首飞。1984 年，该机改型后作为客机获得了中国民用航空总局正式颁发的适航证。作为一款 50 座级别的支线飞机，运 -7 旅客机的出现结束了中国民航全部使用外国飞机的历史。

20 世纪 70 年代，中国启动"708 工程"，全国航空工业 300 多个单位的技术骨干应召参与了被命名为"运 -10"的大飞机研制工作。运 -10 客舱按混合级布置为 124 座，按经济舱布置可达 178 座，最大起飞质量 110 吨，达到了 100 座以上即为"大飞机"的标准。1980 年 9 月，第一架运 -10 飞机成功首飞，随后该机 7 度飞抵高起降难度的西藏拉萨贡嘎机场。运 -10 机体实现了全国产化，除发动机外，航电、操纵、液压系统等国产化率超过 96%。同时，运 -10 也是我国首架参照英美适航条例研制的大型喷气式干线飞机，它的成功研制给中国民用航空业带来了质的飞跃，使中国成为继美国、苏联和欧盟之后第四个能造出 100 吨级飞机的国家（地区）。然而，由于资金、技术、国内经济形势等因素，1985 年运 -10 被迫下马。

20 世纪 80 年代中期，中国正值改革开放的春天。为了从国外学习管理和技术，中国的飞机研制迈上了国际合作的道路。为此，我国制定了民机工业发展的"三步走"计划：第一步，装配和部分制造国外的支干线客机；第二步，与国外合作，联合设计研制 100 座级客机；第三步，2010 年左右自行研制 180 座级干线飞机。作为"三步走"计划的第一步，1985 年，上海飞机制造厂与美国麦道公司合作组装生产

MD-82 客机。7 年后，双方又启动了新型号 MD-90 干线客机的组装。不幸的是，1997 年麦道公司濒临破产，被美国波音公司并购，MD-90 项目无疾而终。同年，中国又和欧洲空客公司联合研制 AE-100 型客机。令人绝望的是，AE-100 项目也没有取得预期结果，也以失败而告终。这段经历虽使我国的大飞机装配技术水平显著提高，但也留下了惨痛的教训。20 多年很快过去，民航工业发展的机遇也白白错失，"三步走"计划停滞不前。

MD-90 和 AE-100 的教训使中国人意识到，在大飞机等核心"卡脖子"技术上，用市场换技术是行不通的，必须将其牢牢掌握在自己手里。中国必须独立发展拥有自主知识产权的新型涡扇飞机，并确定了先发展中型支线客机，再发展大型干线客机的路线图。2002 年，经过充分论证后，中国新型涡扇支线飞机 ARJ21 项目获得国务院批准正式立项。2007 年 12 月，首架 ARJ21 客机总装下线。次年 11 月，该机首飞成功。2014 年年底，ARJ21 完成适航取证。截至 2022 年 7 月，中国商用飞机有限责任公司已向国内 9 家用户交付 68 架 ARJ21 飞机，开通 263 条航线，通航 110 座城市，初步形成覆盖华北、东北、华南、西南等地区的国内支线网络。目前，ARJ21 飞机已安全运行超过 15 万小时，安全运送旅客超 500 万人次，其安全性和可靠性得到航空公司和民航市场的充分肯定。

近 20 多年来，随着我国民航市场的快速发展，中国对大型飞机的需求日益迫切。中国航空工业经过 70 余年的实践探索，已形成了一支专业门类齐全、技术水平过硬的人才队伍，具备了民用飞机设计、试验和制造能力，具有了发展大型飞机的技术和物质基础，于是，大飞机项目再次被提上日程。

如果说运 -10 是中国大飞机的前世，那么 C919 就是中国大飞机的今生。2007 年 8 月，中央政治局常委会召开，同意成立大型客机项目筹备组。2008 年，中国商用飞机有限责任公司经国务院批准正式成立。2009 年年底，C919 大型客机基本总体技术方案经论证、评审后获得通过，C919 大型客机转入初步设计阶段。2011 年年底，C919 飞机初步设计方案经工信部专家评审后通过，项目随即进入详细设计阶段。2015 年 11 月，首架 C919 飞机在浦东基地正式总装下线。2017 年 5 月 5 日，C919 飞机在上海浦东机场圆满首飞。2022 年 9 月，C919 飞机完成全部适航审定工作后获中国民用航空局颁发的型号合格证，同年 11 月首架飞机交付并投入商业运营。至此，C919 飞机的研制工作完成。

截至目前，除中国外，世界上仅有美国、俄罗斯和欧盟能够独立研制大飞机，而这 3 家在飞机研制过程中无不得到了强大的国力支撑，甚至要举全国之力才能完成。当下，大型民机的国际市场已被波音公司和空客公司所垄断，中国未来想要闯入世界大飞机俱乐部并且立足绝非易事。

现在，C919 飞机已交付民航公司，已累计获得 1000 余架订单。在 C919 飞机研制工作完成之后，我国新一代宽体干线客机 C929 项目也已经启动，现已进入初步设计阶段。C929 是我国计划研制的大型远程宽体客机，航程为 12000 千米，座级为 280 座，如果 C929 的座位全部按经济舱布置的话，可以搭载 400 余名乘客。从载客量来讲，C929 已经达到了国际航运体系上"300 座位以上即为大型客机"的标准，将成为名副其实的全世界公认的"大飞机"。

相信在不久的将来，国产 C929 客机将引领我国民航工业新一轮的腾飞。

沈海军

2022 年 11 月 25 日于上海

目录

China's

Large

Aircraft

第一章
什么是大飞机

一、什么是民用飞机

1944 年 11 月至 12 月，来自 52 个国家的航空专家参加了在芝加哥召开的国际民航会议，形成了三个重要的协议：《国际民用航空公约》《国际航班过境协定》和《国际航空运输协定》。三个协议为日后国际航空运输多边管理框架的形成奠定了理论依据。

《国际民用航空公约》中，对航空器做了以下描述："凡是能够靠空气的反作用，而不是靠空气对地面的反作用，在大气中获得支撑的任何器械，叫作航空器。"公约中还规定："飞机是有动力装置的重于空气的航空器。它的升力主要来自空气动力在翼面上的反作用，它的翼面在特定飞行条件下固定不变。气球、飞艇、滑翔机、飞机等都是飞行器，但航空器主要指飞机。"

在欧美及我国的适航条例中，航空器被区分为民用航空器和国家航空器。其中：民用航空器指的是从事民用航空飞行活动的航空器，用作民用航空器的飞机称为民用飞机；国家航空器特指执行军事、海关和警察部门飞行任务的航空器。很显然，国家航空器与民用航空器是根据飞机的用途而非航空器的所有权来区别的。

民用飞机包括民用运输机和通用飞机。

民用运输机，也称作商业航空飞机，主要承担民用航空运输任务。这里的民用航空运输通常指的是在国内和国际航线上使用航空器以营利为目的从事定期和不定期飞行，运送旅客、行李、货物和邮件的运输。民用航空运输亦简称为航空运输，是国民经济中重要的交通运输方式之一。

通用飞机主要用来从事大量短程航空运输以及形形色色的航空服务项目，如为工业、农业、林业、牧业、渔业生产和国家建设服务的作业飞行，以及医疗卫生、抢险救灾、交通监测、科学实验、教育训练、航空摄影、商业广告、跳伞滑翔、游览等方面的飞行活动。

二、客机分类

民用运输机具体包括客机和货机，分别用来执行商业的旅客运输和货物运输航空业务。

客机，也称作旅客机，按航线性质，可分国际航线飞机、国内干线飞机和支线飞机；按航程长短，可分远程 10000 千米以上、中程 3000 千米左右、近程 1000 千米以内三个级别；按座位数量，可分为小于 90 座、91～175 座、176～235 座、236～470 座、471～840 座等级别；按气动外形特征，可分为低速平直机翼型、高亚声速后掠翼型和超声速型；按照发动机数量，可分为单发飞机、双发飞机、三发飞机和四发飞机；按照发动机安装位置，可分为翼吊式、翼前式、翼后式、翼上式、尾吊式、拉进式、推进式等；按照动力装置特点，可分为活塞式、涡轮螺旋桨式、涡轮喷气式、涡轮风扇式等；按经济性等级，可分为低成本飞机、常规运营飞机和豪华飞机。

国际上通常把客机分为支线飞机、干线飞机和国际航线飞机三大类。其中：支线飞机是指用于小城市与大、中、小城市之间，飞机座位数较少（小于 90 座），航程较短（小于 800 千米）的飞机；干线飞机是指用于大、中城市之间，飞机座位数为 90～270 座，航程为中短程（800～3000 千米）的飞机；国际航线飞机是指用于国家与国家之间，飞机座位数较多（大于 200 座），航程较远（大于 3000 千米）的飞机。

按机身直径大小，客机又可以划分为窄体飞机和宽体飞机。窄体飞机亦称单通道飞机，机身直径小于 5 米，客舱内部宽度大约为 3 米，座位之间只有一条通道。飞机的下舱在大多数情况下仅装载行李、散货。宽体飞机亦称双通道飞机，机身直径在 5 米以上，客舱内部宽度不低于 4.72 米，布置有两条通道，旅客座位因此被划分为三部分。宽体飞机的客舱高度更高，因而可以设计成两层，通常头等舱或公务舱安排在上层，与驾驶舱在同一高度。货舱的高度与宽度容许集装箱装入，如果设计为具有自动装卸功能的货舱系统，可大幅提高装卸效率。

当今世界上的大型宽体客机座位数大都在 200 以上，知名的大型宽体客机包括：波音 747（载客 350～400 人），波音 777（载客 350 人左右），波音 767（载客 280 人左右），波音 787（载客 280 人左右），麦道 MD-11（载客 340 人左右），空客 A340（载客 350 人左右），空客 A300（载客 280 人左右），空客 A310（载客 250 人左右），伊尔-86（载客 300 人左右）。世界上最大的客机——空客 A380 则为超大型宽体飞机，载客 550 人左右。

目前的主流中型客机，机身直径一般小于 5 米，载客在 100 人以上、200 人以下，多为单通道窄体飞机。比较有名的中型窄体客机包括：麦道 82 和麦道 90（载客 150 人左右），波音 737 系列客机（载客 130～160 人），空客 320 系列客机（载客 180 人左右），图 -154 客机（载客 150 人左右）。

空客系列客机

小型客机一般指 100 座以下的客机，多用于支线飞行。例如：国产新舟 60 飞机（载客 50 人左右），国产 ARJ21 飞机（载客 78～90 人），俄罗斯的安 -24 飞机（载客 50 人左右）。

在我国，150 座级的 C919 飞机常被老百姓称作"大型客机"。实际上准确地讲，C919 应属于单通道中型窄体干线飞机，而我国正在研发的新一代 280 座级的 C929 飞机才真正属于双通道大型宽体国际航线飞机。在未来，这两款国产客机也有望改作货机、军用预警机，甚至空中加油机，潜力巨大，前景不可估量。

三、客机机型

机型即飞机型号的简称。飞机型号一般由飞机研制部门编号命名，并须得到适航当局批准。不同飞机制造商，对其不同类别的飞机编列的型号也有所不同。例如，美国波音公司的客机型号是按 B××× 排列的，欧洲空客公司的客机型号是按 A××× 排列的，而我国的运输机是按 Y×× 排列的。当我们看到 B747 这个型号时，就知道这是一架由美国波音公司生产的四发远程宽体客机；当我们看到 A320 这个型号时，就知道这是一架由欧洲空客公司生产的双发干线客机。当我们看到 Y7 时，就知道这是一架由中国西安飞机工业公司制造并用于支线航空的双发运输机。

关于我国自主研发设计的大客机 C919，其代号中，"C"代表中国，是英文单词 China 的首字母，也代表该飞机的生产商中国商用飞机有限责任公司（简称中国商飞，英文缩写为 COMAC），这与"A"表示欧洲空客公司（Airbus），"B"表示美国波音公司（Beoing）相对应；"9"则表达大数序列，9 在十个阿拉伯数字中最大，代表了中国雄心勃勃的志向；"19"代表座位级别，表示该飞机最大载客量可达到 190 座。C919 飞机属于中短程单通道商用运输机，以满足中国国内需求为切入点，同时兼顾国外市场；该机的标准航程为 4075 千米，增大航程为 5555 千米。

航空公司在选购客机机型时，意味着在选择飞机制造商，选择飞机种类、动力装置、结构性能、客舱布局、机内服务设施和安全设施；也意味着选择飞机的性能、对机场的适应能力和所适应的航程与任务；还意味着选择飞机的经济性、可靠性、安全性、舒适性和维修性。因此，客机的品牌和口碑很重要，而品牌和口碑的背后，是客机生产商强大的技术支撑能力以及飞机出色的性能和性价比。

四、什么是大飞机

大飞机一般是指最大起飞质量超过 100 吨的军用或民用运输飞机，特别是一次航程达到 3000 千米的军用飞机或搭载超过 100 名旅客的民用客机。

"大飞机"实际上是一个相对的概念。在不同的文献中，大型客机的定义并不一致。有的文献上认为"100 座以上的客机为大型客机"，有的则认为"150 座以上或者 200 座以上的客机为大型客机"，还有的认为"300 座以上的客机才是大型客机"。总之，不同的历史阶段、不同的国家，甚至不同的专业人士，对大飞机的定义和理解也不尽相同。比如，20 世纪 60 年代的"大飞机"，以今天人们的眼光来看可能仅是"小飞机"。再如，国产 C919 飞机属于 150 座级别的双发、单通道中型民航运输机，但它却是中国航空史上自研客机中个头最大的，因此，常被国人称作"大型客机"或者"大飞机"。而乐卫松在《大型客机设计》一书中却认为，200 座位以上的客机为大型客机。与之形成对比的是，世界客机史上，尤其是在巨型客机 A380 出现之后，业界则多把载客量 300 人左右的双通道宽体客机称为"大型客机"。也就是说，"大飞机"的界定很大程度上取决于各国航空业和不同历史时期的科技水平，也与个人的认知差异有关。

目前，中国已研发成功的著名大飞机"三剑客"包括：运 -20、AG600 和 C919。

运 -20 大型运输机，绰号"鲲鹏"，是中国研究制造的新一代大型军用运输机，最大起飞质量 220 吨，载重超过 66 吨，最大速度超过 800 千米 / 时，航程大于 7800 千米，实用升限 1.3 万米，于 2013 年 1 月首飞成功。目前，运 -20 已经实现了批量生产，并服役于我国空军。近年来，换装了国产涡扇 -20 发动机的运 -20 也已经成功试飞，还改型派生出了运 -20U 军用空中加油机。

A380 双通道宽体客机

　　AG600 为一款水陆两栖飞机，2017 年 12 月首次飞上蓝天。这是我国首次按照中国民航适航规章要求研制的大型特种用途飞机，是国家应急救援体系建设急需的重大航空装备。它的首飞成功，标志着我国航空工业特种用途飞机研制能力取得重大突破。

　　C919 大型客机，是中国首款按照最新国际适航标准研制，具有自主知识产权的大型喷气式干线民用飞机，于 2017 年 5 月 5 日成功首飞。目前已交付民航公司商业运营。

　　三款大飞机中，C919 大型客机直接关系到我国民用航空业的兴衰，承载着国家的意志、民族的梦想、人民的期盼，国家投入了巨大的人力物力，尤为引人注目。限于篇幅，本书中主要介绍 C919 飞机。为表述方便，如不加特殊说明，本书中的国产"大飞机"特指 C919 飞机。

中国大飞机"三剑客"

五、大飞机总部为何选址上海

国产大飞机总部设在上海，这让许多人感到不解。

C919 大飞机的主制造商为中国商飞，这家公司地处上海，是我国实施国家大型飞机重大专项中大型客机项目的主体。

说起航空工业，许多人会想到时常"堵飞机"的西安，或打造了顶级战斗机歼 -20 的成都，以及研制了我国第一架舰载战斗机歼 -15 的沈阳，甚至南昌、哈尔滨等地，这些地方的航空工业更为国人所知晓。

虽然论航空航天产业的集聚度和综合实力，上海的确不如西安、成都等地，但论国产大飞机的渊源和技术积累，上海却非其他城市所能及。

国产飞机的研制史，最早可以追溯到 50 多年前，而其生产商就是上海飞机制造厂，其后的每一个重要节点里，都少不了上海的身影。

1970 年，代号"708 工程"的运 -10 飞机项目在上海启动。历经十年艰苦攻关，1980 年，运 -10 原型机在上海完成首飞，这被誉为"中国航空技术的重大进展"。

然而，由于当时的经济发展水平、技术条件、市场竞争等因素限制，运 -10

项目后来搁浅。随后，中国民航工业进入了中外合作阶段，由上海与美国麦道公司合作生产的 MD-80 系列机型堪称代表之作。

以市场换技术，这是特殊时代背景下制造业发展的跃进之路，大飞机制造沿袭的也是这一路径。20 世纪 90 年代，在吸收了国外技术的基础上，我国开启了全新尝试，由美方提供图纸和原材料，中方负责从零件制造到总装试飞全流程的 MD-90 飞机横空出世，并获得了美国颁发的适航证，拉近了中国与世界先进民航工业的距离。然而，1997 年，麦道公司被波音公司收购，MD-90 项目被迫中止，中国大飞机制造再次面临转折点。

2000 年前后，国家决定发展具有世界先进水平的涡扇支线飞机，中国航空工业第一集团公司在上海成立项目公司——中航商用飞机有限责任公司，启动 ARJ21 新支线飞机的研制工作。

2007 年，首架 ARJ21 新支线飞机总装下线，并于 2008 年成功首飞，2014 年取得中国民航局型号合格证，2017 年取得生产许可证。目前，ARJ21 新支线飞机已正式投入航线运营。

当中短程新型涡扇支线飞机取得突破之后，代表民航工业先进制造水平的 C919 大飞机研制工作就被提上日程。显然，拥有运 -10 客机、麦道客机、ARJ21 支线飞机等生产经验和技术储备的上海，最终便毫无悬念地成为国产大飞机的总装基地。

上海自贸试验区临港新片区大飞机产业园

六、研发国产大飞机的重大意义

近 20 年来，中国的综合国力显著增强。中国经济的快速发展对航空运输业和航空制造业提出了更高的需求。如今的中国已成为世界上仅次于美国的第二大航空运输国，航空客运和货运增长率均远超世界平均水平。2022 年，来自中泰证券的一份调研报告显示，我国未来 20 年新增客机需求 8363 架，其中单通道客机需求 6238 架，平均每年新增客机 418 架，其中单通道客机 312 架。如果未来 C919 飞机的国内市场占有率能够和波音、空客持平，即市场占有率达到三分之一，则未来 20 年 C919 飞机年均销量约为 104 架。

面对国内民航运输快速发展的大好形势，我国使用的大中型客机却长期依赖进口，导致民航运营成本居高不下，竞争力降低。特别是由于受到国外的制约，我国民航运输业还存在着安全隐患。在这种情况下，我国自行研制大型客机，既能保证民航运输业的安全，同时可降低购机成本，增加航空公司的营利空间，激励国内民航运输业的发展。

作为国家高科技战略性产业，大飞机常被视作现代制造业的明珠，是现代高新尖技术的集大成者。大飞机的研发制造，可以拉动众多高技术产业发展，带动新材料、先进动力、电子信息、自动控制、计算机等诸多领域一大批关键技术的突破，其带动效应不可估量。发展大飞机，还将推动力学、数学、物理、信息、环境等学科的重大进步，其意义不仅在于项目本身，更重要的是能够促使中国形成自己的民机产业体系，带动整个产业链的同步大发展。这对处于当下的中国经济来说，是一个极其重要的发展机遇。

作为保障国家核心利益、带动国民经济发展、保证国家安全、促进科技发展的重大战略装备，大飞机已成为世界主要大国争夺的焦点。随着我国综合国力的不断增强和航空工业水平的不断提高，研制大型飞机已成为我国当下政治、经济、军事和科技发展的必然选择，它符合我国社会经济发展的客观规律，同时也是实现中华民族伟大复兴的重要标志。

China's

Large

Aircraft

第二章
中国民机的发展历程

中国的航空业始于 1910 年冯如制造的冯如 2 号，至今已有 110 余载。冯如的飞机仿照于法国的教练机高德隆 G- Ⅲ，曾受到孙中山先生的高度赞扬。从此以后，中国的航空工程技术人员便踏上了一往无前的自制飞机的道路。

1937 年，全面抗战爆发。当时中日双方可用于作战的飞机总数对比约为 300 ： 1600，中方较日方存在明显的劣势。这一数字的背后某种意义上反映了当时两个国家航空工业实力上的巨大差距。那么，当时的中国真的造不出飞机来吗？全国上下就没有航空工厂能制造飞机吗？

其实并非如此。早在 1912 年清朝灭亡后，民国政府就开始着手大力发展航空业，并先后在全国建立起四家完善的飞机制造厂和十余家航空修理厂，发展初期曾走在亚洲前列，具备了较为完整的航空工业体系，甚至制造过多款属于中国人的"国产飞机"。这些国产飞机中有不少为运输机，且具备升级为旅客飞机的潜能。

相关航空资料显示，在抗战前期，中国曾先后向世界各国外购千余架各式飞机，并先后建立了第一、第二、第三、第四飞机制造厂，以及"中央杭州飞机制造厂"等航空企业。在抗战过程中，这些航空工厂不仅负责飞机的装配与制造，也对战损或者老式飞机进行修理、翻新，为中国的抗战胜利立下了不朽功勋。其中，第二飞机制造厂制造出了当时兼具运输和轰炸功能的双发萨伏亚 S-81 型"大飞机"，甚至还自行研制了"中运"系列的运输机。

一、美龄号、萨伏亚和中运系列飞机

1932 年，国民政府派出特使孔祥熙率领考察团出访欧美，相继和当时的世界航空三巨头——美国、德国和意大利秘密谈判，商洽购买军械、飞机以及合资办厂事宜。由于和意大利的洽谈进展颇为顺利，国民政府立刻从意大利进口了一大批教练机、战斗机、轰炸机和直升机。为了进一步推销飞机，意大利政府特别赠送了一架 72 座的萨伏亚大型运输机给时任国民政府军事委员会委员长蒋介石，作为其个人专机。该飞机后来以蒋介石夫人名号，被命名为"美龄号"。

美龄号飞机

1935 年 1 月，孔祥熙和意大利菲亚特、卡布罗尼、布瑞达和萨伏亚等四家航空公司代表正式签订协议，在南昌成立了"中央南昌飞机制造厂"。由于该飞机厂聘请的是意大利的技术人员和技术工人，制造的是意大利式飞机，因此也被人们称为"南昌中意飞机制造厂"。

1935 年，飞机厂建成后便开始在当地招聘员工，修配飞机。有资料显示，截至 1937 年 2 月，该飞机厂已经建成 8 座主厂房、1 栋 4 层的办公大楼。主厂房内规划有飞机总装配间、发动机装配和试车间、机械加工间、机身骨架焊接间、热处理和钳工间、机翼和木工间、烘木间和白铁厂房等场所。飞机厂规模之大，在当时国内颇为罕见。

按计划，工厂首批组装 / 制造的飞机包括：15 架布瑞达 -25 式教练机和 6 架萨伏亚 S-81 式运输 / 轰炸机。其中，萨伏亚飞机机身由意大利制造，中国只承担全机 20% 的制造工作量，但是制造这种双发动机的"大飞机"在中国还是首次。

1937 年，抗日战争全面爆发，日本战机对中意飞机厂进行了狂轰滥炸。作为"轴心国"成员的意大利，随即将厂内所有意籍职工撤走。此时全厂尚有中国职工 300 余人，各车间还没有全部开工，萨伏亚飞机才装配了 3 架。

1938 年，国民政府航空委员会下令"中央飞机制造厂"从南昌撤离，工厂人员和设备大多由鄱阳湖乘木船经九江、武汉，再历尽艰难蜀道，最终才陆续撤到重庆。

1939 年 4 月，国民政府军事委员会经过实地踏勘，决定征用重庆南川的海孔洞，并在这个天然山洞内建设厂房，改名为"国民政府航空委员会第二飞机制造厂"。该飞机厂当时也被称作南川飞机厂、第二飞机制造厂或海孔飞机厂，随后逐步恢复生产。

南川飞机厂旧址

第二飞机制造厂投产后，觉察到的日军便开始对飞机厂频繁进行空袭。由于飞机厂选址位置绝佳，隐藏在群山之中的一处山壁里，不易发现。因此日军的轰炸根本无法对飞机厂造成损失。飞机厂全体员工坚守岗位，努力工作，源源不断地将一批批飞机送上战场。

值得一提的是，该厂在抗战期间最大的成就是自行研制了中国第一架中型运输机中运 -1 号，以及它的改进型中运 -2 号。

中运号运输机的总设计师为第二飞机制造厂的顶级航空专家林同骅，参与设计的人有 20 余名。经过夜以继日的工作，1942 年秋，飞机的前期设计基本完成，但因某些原因研制工作一度停滞。到了 1943 年，中运号研制工作才得以恢复。一年后，首架中运 -1 号完成了总装。

1944 年春夏，日军直逼我国西南大后方，第二飞机制造厂接到随时准备搬迁的命令。中运 -1 号飞机随后被拆解，运往重庆白市驿机场重新装配并试飞。

中运 -1 号运输机

中运 -1 号首飞非常顺利，升空后在机场上空盘旋 20 多分钟后平安降落。1946 年年底，首架中运 -1 号奉命移交给国民党空军空运大队服役。在中运 -1 号的基础上，林同骅又改进、设计试制了中运 -2 号。

抗战胜利后，1947 年，第二飞机制造厂迁回江西南昌三家店。1948 年 2 月，消息传来，中运 -2 号在重庆首飞成功，飞机性能令人满意。但遗憾的是，中运 -2 号飞机却无空运队愿意接收。无奈之下，中运 -2 号只能在重庆拆解后，运回南昌第二飞机制造厂。之后，林同骅对中运 -2 号进行了再次改进，推出了全金属结构的中运 -3 号，它的设计速度竟达到 353 千米 / 时。不过此间，国民党发动内战，中运号飞机始终未能投入批量生产，也没有投入航线使用。

1948 年，随着国民党当局的溃败，第二飞机制造厂被迁往台湾，大部分人也跟随工厂搬迁至台中。南昌三家店第二飞机制造厂留下的设备和试飞场等，在南昌解放后由解放军接收。1951 年，南昌三家店第二飞机制造厂遗留的所有设备、飞机被移交南昌飞机制造厂，即国营 320 厂或洪都机械厂，也就是现在的洪都航空工业集团，第二飞机制造厂终于获得了新生。

二、新中国成立前的中国客机

为了跟上欧美各国兴办航空运输业的步伐，1929 年，国民政府与美国寇蒂斯·莱特集团合资成立了"中国航空公司"，简称"中航"，先后开辟了以上海为枢纽的 3 条国内航线，配备了史汀生型、洛宁型飞机 11 架，此后又陆续购进 DC-2 客机。除"中航"外，几乎同一时期，中国还和德国汉莎航空公司合资成立了欧亚航空公司（后更名为"中央航空公司"，简称"央航"），其配备的机型包括容克 F-13、容克 G-24、容克 W-33/34、容克 JU-52 等。

抗战前期，即 1937—1941 年期间，"中航"和"央航"（以下简称"两航"）承担了中国上空的主要运输任务，共运送人员 10 万人次、货物 5600 吨、邮件 687 吨。抗日战争期间，随着时局的变化，"两航"的业务量一度惨淡，直到抗战后期，才得以恢复元气。此间，"两航"除了添置 C-45 型、C-46 型和 C-47 型等运输飞机外，还购进了一定数量的美制 DC-3 和康维尔 CV-240 客运飞机。

1949 年 11 月，"两航"2000 多名员工起义，12 架"两航"飞机向中国人民解放军投诚。这 12 架飞机，除了 3 架 C-46 型、6 架 C-47 型运输机外，还包括 2 架 DC-3 客机和 1 架美国康维尔 CV-240 客机。这些飞机加上后来由"两航"员工修复的国民党遗留在大陆的 10 余架飞机，构成了新中国民航初期的机队主体。

DC-3 客机

CV-240 客机

三、运 -5——空中拖拉机

新中国的航空工业创建于 1951 年，中共中央批准国有航空工业争取在 3 到 5 年内，从修理起步，逐步过渡到制造飞机。南昌飞机制造厂主要负责修理损坏的苏联飞机，多为教练机。1952 年，工厂全年累计完成 148 架飞机的修理任务，试制成功了 38 项主要零部件。1954 年 4 月，南昌飞机制造厂获得批准提前生产初教 -5 飞机。初教 -5 飞机是我国第一种自行制造的双座初级教练机。5 月 12 日，首架初教 -5 全机静力试验取得圆满成功。经过总装、调试，第 2 架初教 -5 飞机在 6 月 30 日送交试飞。从零件投入试制算起，共历时 57 天。同年 8 月，初教 -5 飞机获批成批生产。

1957 年，南昌飞机制造厂研制了小型多用途运输机运 -5（又名丰收 -2）。同年 12 月，01 号机首次试飞成功。国家鉴定委员会对飞机进行了全面技术鉴定，认为该飞机性能良好，达到了设计要求。运 -5 被许多人认为是新中国民航机事业的开端。

运 -5 运输机

20 世纪 50 年代初，我国正式开启了第一个"五年计划"，引进了包括安 -2 运输机在内的许多不同型号的飞机。从外形上看，安 -2 运输机比较老旧，使用的是帆布蒙皮技术，并且只配备了一台发动机，但是这并不影响它成为轻型运输机中的代表型号。根据相关资料，安 -2 运输机的有效载重为 2.1 吨左右，航程可以达到 800 千米，从 20 世纪 40 年代末开始，这款运输机持续生产了 40 多年，总产量达到了 1.8 万架。

作为安 -2 运输机的改进型号，运 -5 延续了之前的设计，采用了双翼飞行模式，上长下短，翼面主要呈现为矩形。由于飞机的重量比较轻，所以在短距起降方面的能力很强，最大飞行速度可以达到 250 千米 / 时。动力方面，它配备了一台活塞 -5 发动机，起飞功率为 740 千瓦左右，在飞行过程中能够自动变距，无论是稳定性还是机动性都十分优异。

1958 年，运 -5 由南昌飞机制造厂批量生产，当年即生产了 90 架，后来累计生产了 728 架，其中 78 架援外，连续生产达 10 年之久。1970 年 5 月，运 -5 转到石家庄飞机制造厂（又名 522 厂或石家庄红星机械厂）继续生产。南昌飞机制造厂在批量生产运 -5 的 10 年中，根据民航局、军方要求，相继研制了多种改进改型机。1958 年改装设计了 5 座的运 -5 旅客机，同年试制成功，大部分用于空军。后按民航要求将旅客机改为 11 座，1959 年试制成功。1959 年，对两款旅客机进行鉴定，合格后投入批量生产。11 座飞机后来被命名为运 -5 甲，累计生产交付 114 架，供民航地方航线使用。

和基本型不同的是，运-5甲取消了机舱内的折叠座椅，换成了不可拆卸的乘客座椅，另外还在螺旋桨桨毂上增加了整流罩以降低空气阻力。由于这款运输机的性能优良，操作简单安全，它的使用范围特别广泛。从1957年首次定型生产开始，运-5的服役时间已经超过60年。

四、早期尝试研制客机

1958年，航空工业院校和工厂通过学习掌握苏联1953年强度规范，兴起了自行设计、制造飞机的热潮。北京航空学院（现北京航空航天大学，简称北航）教师与应届毕业生用100天时间设计制造出由当时北京市市长彭真命名的、民航著名驾驶员潘国定驾驶的北京1号旅客机。北京1号飞机采用2台苏制А И-14Р 191千瓦活塞发动机，下单翼，前三点式起落架；驾驶员2人，载客8人，是一款全金属10座小型支线客机；机长12.4米，翼展16.4米，起飞质量3000千克，最大平飞速度312千米/时。

在北京1号飞机设计、制造、试飞中，所有问题，特别是重大问题，都提交到北航师生成立的专家组解决。北航还建立了设计室和工艺室，分别下设10个设计组、3个生产准备车间和5个生产车间。经过组织和动员，参加北京1号飞机设计试制的人员多达1800人，其中，高年级的学生有1159人，调干生76人，本校职工180人，校外人员116人，教师110余人。

1958年9月，北京1号飞机飞上蓝天。试飞成功后，《人民日报》头版刊发文章《北京航空学院向红专大道迈进 师生合作制成新型飞机》，称其为"教育与生产劳动结合的花朵"。北京1号飞机是我国航空史上的一个奇迹，而学校自己设计并制造飞机，更是我国所没有的创举。这是航空事业的伟大胜利，是执行党的教育事业的伟大胜利。1958年10月，北京1号飞机历时5天，途经济南、徐州、南京，往返2500千米，圆满完成北京至上海航线的试飞任务。

北京1号是我国自行设计制造的第一架民用客机。北京1号飞机的上天不仅填补了我国航空事业的空白，更重要的是在生产实践中培养了一大批航空航天事业的骨干人才。目前，该机停放在北京航空航天大学学院路校区航空航天博物馆内。

值得一提的是，同一时期上天的还有西北工业大学研制的多用途飞机延安 1 号、沈阳航空工业学校研制的轻型多用途飞机沈航 1 号、北京航空工业学校研制的多用途轻型飞机红旗 1 号、哈尔滨航空工业学校研制的多用途飞机黑龙江 1 号、哈尔滨飞机制造厂研制的多用途飞机松花江 1 号，以及北京首都机械厂制造的轻型运输机首都 1 号。这些飞机均为多用途轻型飞机，具有搭载和运输旅客的功能。

北京 1 号飞机纪念碑

以今天的眼光看来，北京 1 号、沈航 1 号等飞机也许显得较为简陋，但它们已成为那个年代我国航空航天事业坚持自力更生、自主创新的重要象征。

1964—1966 年，为了探索运 -5 飞机的后继机，北京航空学院教师与两届毕业生，先后来到了民航上海管理局第五飞行大队，向富有实际经验的民航专业飞行员学习、请教。他们在北京 1 号飞机基础上，设计了丰收 -4 号多用途飞机，拟订了丰收 -4 号独特的翼半机型，绘制了三面图，设计了结构，并制造出等尺寸全金属机头样机和机身中段样机，以及农业喷洒设备。此间，中国民航管理局对北航的丰收 -4 号飞机研制给予了大力支持。

正当丰收 -4 号飞机总体设计、风洞试验、各部件强度计算基本完成时，"文化大革命"打乱了研制计划。20 世纪 70 年代中期，这项研制任务被转交给哈尔滨飞机制造厂，丰收 -4 号飞机的全部资料也被该厂要走。这些资料对于该厂后来成功研制运 -11 飞机起到了极大的帮助作用。

独立自主研制飞机的道路必然是艰难的。20 世纪 50 年代末，随着 1958 年中苏关系破裂，以及中国经济受到连续多年严重自然灾害的影响，刚刚起步的中国自产大型运输机事业遭遇了严重的挫折。

在尚未改革开放的中国，中国航空工业一直努力地在农用、教练、支线运输等领域使用自己的飞机。但直到 20 世纪 70 年代，国内干线航线一直没有使用过国产飞机，民用飞机的研制还没有走出自己的路子。

五、新中国成立初大量采购国外客机

20世纪50年代，我国向苏联购买了伊尔-14飞机，承担专机和国内客运、货运任务。1959年，民航局又向苏联购买了伊尔-18飞机，标志着我国民航从活塞式螺旋桨飞机时代开始过渡到涡轮螺旋桨飞机时代。

1963年，我国从英国订购的子爵号飞机到货，并加入航班飞行，改变了苏制飞机垄断国内民航市场的状况。1971年，从苏联订购的伊尔-62和安-24飞机也先后投入使用。1971—1973年，我国又从英国引进了三叉戟飞机。

至此，中国民航各型客机和运输飞机总数达到117架，已能够较好地贯彻"内外结合、远近兼顾"的经营方针。20世纪80年代，我国还先后引进了英国生产的肖特-360飞机、欧洲空客公司制造的A310飞机、苏联研制的图-154飞机等国外客机。

1972年2月21日，美国总统尼克松乘坐B707飞机访华，标志着中国民航"波音时代"的

伊尔-18飞机

子爵号飞机

到来。同年，中国民航订购了 10 架 B707 客机。至 2007 年，中国近 1200 架民机中，波音公司生产的飞机已占据大半江山，其中使用量最大的是 B737 系列客机。1980 年，中国民航局又购买了波音 747SP 型宽体客机，标志着中国民机的运营已部分达到了国际先进水平。1983 年后，中国又购买了一批波音公司和麦道公司生产的当时最先进的客机，譬如波音 747、757、767、777 飞机等。

20 世纪 60 年代中期，欧洲几家航空公司对新型宽体客机的需求促成了空客公司及其 A300 客机的诞生。空客飞机 1985 年起进入中国市场，1995 年年底，民航空客飞机增至 29 架；到 2007 年年底，中国空客飞机的拥有量已上升到 390 架，占总数的三分之一。到 2013 年，空客飞机在中国民航市场占有超过 50% 的份额。从机型上讲，我国拥有的空客飞机包括 A300 系列、A310 系列、A320 系列、A330 系列、A340 系列和新机型 A380 等。

波音 707 客机

空客 A300 客机

六、"708 工程"

随着国民经济的发展，发展民用飞机得到党和国家领导人的高度关注和支持。1969 年，周恩来总理就曾询问过能否在轰 6 的基础上，设计一种喷气式客机。同年 11 月，国务院、中央军委决定把整个民航划归军队建制，成为空军的一部分。1970 年 4 月，毛泽东主席视察上海时指示："上海工业基础很好，可以造飞机。"随后，党中央从我国航空运输事业整体布局考虑，批准上海研制大飞机。同年 8 月，国家计划委员会、中央军委国防工业领导小组向上海下达了试制生产大型客机的任务。由于批准的时间为 1970 年

8月，故项目被命名为"708 工程"，飞机被定名为运 -10，归空军使用，作为中央首长专机。1973 年 6 月，国务院、中央军委又对大型客机的研制作了具体批复。

1971 年 10 月，第二十六届联合国大会通过第 2758 号决议，恢复我国在联合国的合法席位。同年 11 月，国际民航组织第七十四届理事会第十六次会议通过决议，承认中华人民共和国的代表为中国驻国际民航组织的唯一合法代表。1974 年 2 月，中国政府决定承认 1944 年《国际民用航空公约》(又称《芝加哥公约》)，宣布正式参加国际民航组织。这也意味着我国必须遵守国际民航组织所公认的对民航机所提出的适航要求。

在此消息的鼓舞下，"为国家领导人研制出访大客机"的信念成为运 -10 飞机设计工程人员的最大动力。时任运 -10 客机总设计师的马凤山在回忆录中写道："研制运 -10 飞机的目的，主要是用它来飞国际航线，飞机的设计规范即适航性要求必须考虑国际通用的规范。由于我国还没有自己的适航要求，以往飞机设计和研制一直沿用苏联 1953 年的规范，该规范已经明显落后了。经分析、对比，运 -10 飞机的设计必须全面采纳美国 1970 年版的《联邦航空条例》(FAR-25) 作为设计规范，这在当时国内尚属首次。"

当时运 -10 飞机的设计技术要求是航程 7000 千米，速度 850 ~ 900 千米 / 时，飞行升限 12000 米，起飞滑跑距离 1300 米。机上装有 4 台涡扇 -8 发动机，单台地面静推力 80 千牛，试制批先装配同类型进口发动机。从上述技术指标来看，运 -10 已经达到 20 世纪 60 年代中期的国际先进水平。

运 -10 飞机的方案设计始于 1971 年 4 月。1978 年 11 月，首架飞机全机静力试验完成，1980 年 9 月，运 -10 飞机成功首飞。此后的 4 年多时间里，运 -10 飞机进行了大量的科研试飞，飞机具有良好的操纵性和稳定性，飞行性能达到了预期的设计指标。这期间，运 -10 飞机曾飞到北京、哈尔滨、广州、昆明、合肥、郑州、乌鲁木齐、成都等地，并且 7 度飞往拉萨。

截至 1985 年，运 -10 飞机累计飞行了 130 个起落、170 个飞行小时，最远航程 3600 千米，最大速度 930 千米 / 时，最大飞行高度 11 千米，最长滞空时间 4 小时 49 分。从性能上看，运 -10 客舱按经济舱 178 座、混合舱 124

座布置，最大起飞质量110吨。即便是放在今天，运-10也已经达到了我国"大飞机"的标准。运-10是我国首款自主设计制造、拥有自主知识产权的大客机，填补了我国民航工业在这方面的空白。运-10飞机试飞成功，是中华民族的骄傲，表明中国人完全有能力把大飞机送上天。

运-10飞机总设计师马凤山塑像

当时，国际业界也对运-10飞机的研制给予了高度评价。时任波音副总裁斯坦因纳在《航空与航天周刊》1980年第五期上发文称："运-10不是波音的翻版，确切地讲，是中国十余年致力于运输机设计制造能力提升的必然结果。"同年11月28日，路透社载文说："在得到这种高度复杂的技术后，再也不能把中国视为一个落后的国家了。"

受历史条件的限制，虽然运-10飞机按国际上通用的规范FAR-25设计试验成功，但它没能走完研制的全过程，没能走完取得适航要求的型号合格证、生产许可证和航线适航证的取证审查以及客户订货、交付使用的全过程。运-10飞机被冻结了近30年。

但是就是这样的结果，证明了中华民族有能力把百吨重的大型旅客机送上天空，告慰了历代航空先驱者，这种为国奋战拼搏的精神继续在激励后来者奋勇前进！

遗留下来的运-10飞机

七、改革开放与国际合作

20世纪70年代，中国民航开始由军事化管理走向企业化管理，处于激烈的变化时期，同时也处在国际民航运输发展的困难时代。1973年和1980年两次世界石油危机，燃油费飞涨，国际民航业陷入危机，中国民航尚能保持小步前进。1980年3月5日，国务院、中央军委发文通知不再由空军代管民航，民航应建设为企业。1984年，民航实行政企分开。1987年，航空运输改革从独家经营改为多家航空运输企业经营。20世纪80年代，中国民航业开始快速发展。

中美建交后，中国民航开始购入第一架波音飞机，之后伴随着国际政治形势变化陆续批量购入波音飞机。20世纪80年代，国家进入改革开放时期，从1979年2月起至1985年经历多次互相考察、谈判，1985年4月中美两国政府批准了由上海航空工业公司（简称上航）与美国麦道公司签署的合作生产MD-82飞机和补偿贸易总协定，走上了国际合作的道路。按照中国民航的规定，组装美国飞机一定要有FAA（美国联邦航空局）颁发的适航出口许可证。因此，上海航空工业公司组建了管理系统，依据适航规范组织生产、组织适航质量管理，通过4次检查，取得了FAA颁发的生产许可证。1985年年底美方第一批MD-82飞机部件运抵上海，1986年6月第一架MD-82飞机在上海组装完毕，1987年7月2日首次试飞。1987年11月，美国联邦航空局颁发延伸到中国组装 MD-82 飞机的生产许可证。第一架 MD-82 飞机随后交付给北方航空公司使用，我国按适航性要求组装的大客机飞行在国内的航线上。1990 年 4 月达成协定，上海航空工业公司又组装 5 架 MD-82 飞机和供返销的 5 架 MD-83 飞机。1991 年 10 月，第 25 架 MD-82 飞机交付北方航空公司，当天就投入航班营运。加上之后生产的 10 架，MD-82 飞机共计生产了 35 架。上海航空工业公司具备了在零件制造、装配、试验、试飞、交付等方面的国际合作能力，之后波音公司多种型号飞机的水平尾翼也在此地生产。

1984 年，上海飞机设计研究所受民航局委托，承担了编写《中国民用航空规章 第 25 部：运输类飞机适航标准（CCAR-25-R4）》的任务，运 -10 飞机总设计师马凤山担任主编。该标准经中国民用航空局审定批准，于 1985 年 12 月 31 日发布实施。接着中国民用航空局又审查通过了《中国民用航空规章 第 23 部：通用飞机适航标准（CCAR-23）》。

1987 年，国务院颁布了《中华人民共和国民用航空器适航管理条例》。1995 年 10 月 30 日，第八届全国人民代表大会常务委员会第十六次会议通过了《中华人民共和国民用航空法》。依据这两部法律法规，国家已建立起一整套与国际接轨的包括适航标准、适航咨询通告、适航管理文件在内的适航法规体系。其中包括诸如涉及民用航空器驾驶员和飞行教员合格审定的 CCAR-61 部，涉及飞行学校审定的 CCAR-141 部等，指导了国内各民用航空单位的工作，走向与国际接轨。由此，可以说国内发展民航飞机工程的法律环境已基本具备。

自 20 世纪 70 年代发展运 -10 飞机开始，航空技术人才从全国各地向上海聚集，历经 30 年积累，发展了民用飞机设计研究机构和民用飞机制造工业，上海的高校相继开设了民用飞机相关专业。随着全国民航事业的迅猛发展，上海的航空运输公司也快速发展，壮大了运营、商务、维修、管理等力量。

八、运 -12 走出国门

中国有这么一款民用飞机，它手持 14 国的适航证，已经纵横飞行于 30 多个国家和地区，以其出色表现为中国制造赢得了良好声誉。30 多年来，该机创下多个中国第一，成为中国民机的骄傲。它就是哈尔滨飞机制造厂（简称哈飞）20世纪80年代初率先在国内依照美国适航标准研制的运-12飞机。

运-12是一架双发、单翼、单垂尾的多用途轻型飞机，1982年7月首次试飞成功，1984年12月通过技术鉴定，并投入使用。该机凝聚了哈飞人的勤劳和智慧，托起了中国航空工业走向世界的希望。

运-12飞机研制时，中国正处于改革开放的历史拐点。为打入国际市场，填补中国民机出口的空白，就必须取得国际适航认证，只有拿到国际适航证，运-12飞机才算拿到进入国际民航市场的入场券。20世纪80年代初，中国民机出口尚处于空白，民机适航对于国人来说还很陌生。当时国际上公认的权威性适航管理机构有两家：一是美国联邦航空局（FAA），二是英国民航局（CAA）。由于英联邦国家众多，潜在用户多，哈飞选择了获取英国民航局的型号合格证。

由于采用了美国联邦航空局适航条例作为设计规范，运-12飞机一诞生便站在了高安全性、高可靠性、良好维护性的起跑线上，并坚定完成了30余年的国际适航之路。

1990年6月，运-12飞机迎来了重要的日子。英国民航局为运-12飞机正式颁发了型号合格证，标志着运-12飞机的适航标准达到国际先进水平。这充分说明，中国航空工业已经具备走向世界的能力。

运-12飞机

在此后 30 余年的运营中，运 -12 系列飞机又接连获得美国、法国、俄罗斯等 10 多个国家的型号合格证，成为我国目前唯一同时获得进入欧美发达国家"通行证"的民用飞机。运 -12 系列飞机的取证历程，促进了我国适航标准的建立，推动了国产民机适航验证技术的发展，提高了我国适航管理水平。

从 20 世纪 80 年代至今，为满足不同客户的需求，运 -12 飞机被不断改进，先后衍生出了运 -12Ⅱ、运 -12Ⅳ、运 -12E、运 -12F 等一系列改型。这些运 -12"家族成员"被广泛应用于客货运输、人工增雨、农林作业、地质勘探、航空测量、空投空降、航空救护等多个领域。

至今，运 -12 系列飞机已有 200 余架出口到巴基斯坦、秘鲁、斯里兰卡等 30 余个国家和地区，是我国目前出口国家最多、数量最大的民用飞机。

九、研制支线客机

在采购国外民用客机的同时，中国也出现了一批致力于发展祖国航空工业的有志之士，为改变我国主要依靠购买外国飞机来建设民航事业的状况而不断努力拼搏。

中国的民航机事业始于 20 世纪 50 年代中期南昌飞机制造厂引进苏联 40 年代设计的安 -2 运输机的设计资料和原型机，我国的飞机研制人员在苏联专家的指导下吃透了资料，开始设计制造中国的第一种运输机——运 -5。该机的原型机于 1957 年 12 月定型并首飞，12 月 23 日获批准投入生产。1958 年由南昌飞机制造厂开始成批生产，当年即生产了 90 架。至 1965 年年末，中国民航共拥有飞机 355 架，比 1957 年增加 237 架，主要机型就是国产的运 -5 飞机。

运 -12 是哈飞于 20 世纪 80 年代在运 -11 基础上进行深入改进研制的轻型双发多用途运输机。1985 年，运 -12 飞机取得了中国民航局颁发的第一个民用飞机型号合格证，1986 年又取得该局颁发的第一个生产许可证。在 2000 年 6 月的巅峰时期，共计有 102 架运 -12 飞机外销非洲、大洋洲、美洲、亚洲的 18 个国家。

不过，运 -5 和运 -12 毕竟都属于小型飞机，其载客量、航程及改进潜力都非常有限。为了研制中型运输机，1960 年中国引进了苏联运输机的资料和技术，

运 -5 轻型运输机

由西安飞机制造厂（又名 172 厂）设计制造了运 -7 飞机。此后，西安飞机制造厂在运 -7 运输机的基础上，开始走上改型客运型飞机的道路。

1. 运 -7 客运型飞机

运 -7（Y-7）是 20 世纪 60 年代后期由西安飞机制造厂（西安飞机工业公司的前身，简称西飞）研制生产的双发涡轮螺旋桨中型支线运输机。该飞机机长 23.7 米，高 8.55 米，最大起飞质量 21.8 吨，首架样机于 1970 年年底首飞上天。因"文化大革命"干扰，运 -7 飞机研制曾一度受阻停顿，后又出于各种考虑国家没有批准设计定型。

随后，在运 -7 飞机基础上，通过改进电子设备、空调系统、内部装饰，改装翼梢小翼、失速警告系统后，西飞发展出了运 -7-100（Y-7-100）客机。该机驾驶舱为 3 人驾驶体制，载客量增加到 52 人。运 -7-100 飞机可以满足复杂气象条件下起飞、航行和进场着陆的要求，基本性能和舒适性也得到了提高。1986 年 5 月，运 -7-100 飞机正式编入航班投入运营。尽管如此，该机由于故障率相对比较高，造成运营成本较高，后来逐渐退出主流客运市场的竞争。

2. 中德合作的 MPC75 项目

20 世纪 80 年代之前，西方国家对我国在高科技领域进行高度封锁，大飞机制造领域几乎没有对外交流和学习的机会。

当时间来到 1987 年，西德 MBB 公司主动提出与中国合作研制飞机，得到中方的积极回应，中国决定与西德组建合资公司，合作研发一款中型的喷气式支线客机。该飞机有 70 ~ 80 个座位，名为 MPC75。同年 4 月，中德双方在汉诺威展览会上联合展出了 MPC75 飞机的模型，向全世界公布了双方合作的愿望。我国一直欠缺制造喷气式客机的技术，在当时西方封锁的情况下，能让我国接触到世界上的先进技术，这样的合作机会显得十分宝贵。

MPC75 飞机在当时十分先进，正常载客量为 80 人左右，高密度布局时载客量为 102 人，飞机采用了先进技术保证具有极低的燃料消耗和营运成本，大大提高了营运商的经济效益。MPC75 飞机基本型航程约 3000 千米，增程型达到 5000 千米。然而遗憾的是，当时相关人士在此事上存在分歧，一部分人认为应和美国麦道公司合作，优先研制 MD-82 飞机。于是，投入了大量人力财力，在上海建立了 MD-82 飞机的组装厂，而与德方的谈判，一拖再拖。MD-82 项目因美国麦道公司濒临破产，落得竹篮打水一场空，导致我国民航客机的研制再次遭遇困境。中德合作的 MPC75 项目，虽然一直停留在纸面，但却培养锻炼了不少我国人才。譬如，我国 C919 客机的总设计师吴光辉就参与过这个项目。

当然，MPC75 飞机也存在硬伤，那就是动力系统。MPC75 飞机采用的是桨扇发动机，其致命缺点是噪声高、振动大、减速器性能差，特别是没有外涵机匣，使用安全性没有保证，因而西方国家一直未将其投入使用。譬如，英国罗罗公司曾经花重金去研究桨扇发动机，并且进行了大量的实际飞行，但由于噪声太大且无法克服，不得不放弃。

MPC75 飞机模型　　　　　　　　　　桨扇发动机

3. 新舟系列

吸取了 Y-7-100 飞机的经验教训，西飞对其重新进行减阻、减重和优化设计，通过先进技术和原材料给结构减重，增加商载，提高经济性，于是一款名为"Y-7-200A"的新机型诞生了。和 Y-7-100 飞机相比，Y-7-200A 飞机在发动机、导航通信设备及自动飞行控制系统、驾驶体制、座舱布局等方面都做了重大改进，大量采用国外技术成熟的先进成品。

总体来看，在安全性、经济性、舒适性和维护性等方面，Y-7-200A 飞机均达到了当代国际先进支线客机水平，而价格只有国外同类飞机的三分之二。1999 年 1 月，Y-7-200A 飞机被正式命名为"新舟 60"。

新舟 60 飞机的驾驶舱为 2 人驾驶体制，机身长度较 Y-7-100 加长了 1 米，飞机载客量增加至 60 人；动力装置采用美国普惠公司的 PW127C 涡桨发动机；油耗比 Y-7-100 飞机降低 30%，噪声水平显著降低，大大提高了飞机的经济性和舒适性。

Y-7-100 飞机

新舟 60 飞机

新舟 60 飞机是中国首次按照中国民用航空规章第 25 部进行设计、生产和试飞验证的。2000 年 6 月，新舟 60 飞机取得了中国民航适航部门颁发的飞机型号合格证，这标志着国产支线客机的发展迈上了一个新的台阶。现在，除国内民航公司使用外，新舟 60 飞机已出口印度尼西亚、老挝、菲律宾、津巴布韦、缅甸等国家。

新舟 600 飞机是西飞基于新舟 60 飞机改型的新一代支线涡桨飞机。与新舟 60 飞机相比，该飞机突破了机身设计、登机门、内饰等多项技术难题，较大地提升了飞机的安全性、维修性和舒适性。此外，新舟 600 飞机起飞距离短、节油性能好，机身重量更轻，可靠性、安全性更高，寿命循环成本大大降低。新舟 600 飞机也是按照中国民用航空规章第 25 部进行设计制造的，其在维护性、操控性、经济性、舒适性等方面都达到了世界同类飞机的先进水平。

新舟 600 飞机于 2006 年正式立项，2008 年 10 月首飞成功，2010 年 12 月首次交付用户。目前，新舟 600 飞机已进入东南亚一些国家的民航市场。

新舟 700 是西飞继新舟 60、新舟 600 后系列发展的全新涡轮螺旋桨支线飞机。新舟 700 飞机的标准座级为 78 座，满载航程 1500 千米，高温、高原性能优异，可短距频繁起降，采用电传操纵，汇聚了全球顶尖供应商。未来还将推出缩短型和加长型两个版本，以满足不同客户的需求。当下，国际涡桨支线市场由 ATR 公司（即法国和意大利合资的"区域运输机公司"）和加拿大庞巴迪公司主宰。中国新舟 700 飞机将打破这一格局，挑战涡桨支线飞机世界第一的地位。目前新舟 700 飞机已经获得订单近 200 架。

新舟 600 飞机

ARJ21 飞机

4. ARJ21 "翔凤"客机

翔凤，科研代号 ARJ21，全称为 "Advanced Regional Jet for the 21st Century"，即 "21 世纪新一代支线喷气式飞机"，是由中国商飞研制的新型涡扇支线飞机，亦为中国第一次完全自主设计并制造的支线飞机。不过，ARJ21 支线飞机研制早期的责任主体和经营主体是中航商用飞机有限公司（中航商飞），而不是中国商飞。

中航商飞成立于 2002 年 9 月，由原中国航空工业第一集团公司等 15 家企事业单位本着"共同投资、共担风险、利益共享"的原则组建，总部设在上海。

不过，在2008年C919大飞机项目启动后不久，中航商飞便整体并入中国商飞。目前，中航商飞已经注销，不再存在了。

ARJ21-700是ARJ21客机系列的基本型，它是中国商飞研制的70～90座级双发动机的支线客机，是我国首次按照国际民航规章自行研制、具有自主知识产权的中短程新型涡扇客机，是中国首次按照FAR-25部申请美国联邦航空局（FAA）型号合格证的飞机。ARJ21客机采用双圆剖面机身、下单翼、尾吊两台涡轮风扇发动机、高平尾、前三点式可收放起落架的基本布局；机翼部分采用超临界机翼和一体化设计的翼梢小翼；驾驶舱采用2人驾驶体制；航电系统采用总线技术、LCD平板显示并综合化。

ARJ21飞机于2008年11月在上海成功首飞。2014年年底，该机型通过了中国民航管理局的适航认证，迈出投入商业运营前的最后一步。2016年6月，ARJ21-700飞机交付成都航空公司，正式投入商业运营。截至2022年5月，成都航空已经先后接收了5架ARJ21飞机，机队累计安全飞行2600余小时，安全载客6.5万余人次。

十、自研大型客机

1. 运-10——中国首款国产大型客机

1970年7月，上海市研制、生产大型客机被纳入国家计划，飞机被命名为"运-10"。经过不懈努力，1975年1月，运-10飞机的图纸设计基本完成，1976年制造出第一架用于静力试验的原型机，1979年制造出第二架用于飞行试验的飞机，并于1980年9月首次试飞成功。此后，运-10断断续续试飞到1985年2月。然而，大约完成了一半试飞任务的时候，拨付的经费耗尽。由于经费不足及发展战略不清晰，运-10飞机被迫下马。1985年之后，我国又希望和美国麦道公司合作组装／研发MD-82/90飞机，但均遭遇流产。就这样，中国的大型客机项目搁浅了，一耽误就是20余年。

2. C919大型客机

1993年后，我国航空业进入发展有自主知识产权客机酝酿期。其间我国

运 -10 飞机   C919 飞机

曾作过几番努力，意图靠国际合作发展支线飞机，结果均以失败告终。2000年，国家曾明确只发展支线飞机，那时上海飞机设计分院就紧抓先进支线飞机 ARJ21 的研发、制造、试飞，争取订单。2008 年 ARJ21 飞机首次试飞成功后，便组织规模化生产。ARJ21 成为我国具有自主知识产权的支线飞机。同一时期，哈飞被安排与巴西合作生产支线飞机 ERJ，而天津方面则以极快的速度与欧洲空客公司签约，把 A320 总装线落户到天津。2009 年，首架天津组装的 A320 飞机试飞成功。

2004 年，国家多次组织论证后，大型客机项目上马。2007 年 8 月，胡锦涛总书记主持中央政治局常委会，听取大型飞机重大专项领导小组的工作汇报，决定成立大型客机项目筹备组。2008 年 2 月，国务院常务会议审议并原则通过了《中国商用飞机有限责任公司组建方案》。2008 年中国商用飞机有限责任公司成立，标志着中国发展大型飞机项目进入了一个新的历史阶段。

不久，设计中的大客机被命名为 C919。2010 年 10 月，中国民航局正式受理 C919 飞机的型号合格证申请。2022 年，C919 飞机取得了中国民航局颁发的适航证，并开始投入商业运营。C919 成为我国具有自主知识产权的、第一架投入航线运营的大客机。

China's

Large

Aircraft

第三章
上海，国产大飞机
腾飞的地方

一、海军制造飞机处

为了发展海军航空工业，1915 年，北洋政府海军部派 10 余人前往美国学习飞机制造，于 1917 年学成归国。1918 年 2 月，海军飞潜学校开设飞机制造专业班，招收了首批学生（17 人），于 1923 年 6 月毕业。这些人绝大多数成为中国早期航空领域的中坚力量。

1918 年，北洋政府在福州船政局附设海军飞机工程处，在马尾组建了我国第一家飞机制造厂，飞机厂有木作间、机工间、飞机棚、装配厂等，共有员工 200 余人。翌年 8 月，马尾飞机工程处制造出第一架水上飞机，即甲型 -1 号水上教练机。该机为双翼双座，最大飞行速度 120 千米 / 时，最大飞行高度 3690 米，航程 340 千米。这架飞机在试飞时因操纵不慎，机身损坏，后经修复后，顺利完成试飞。

1923 年，海军飞机工程处改为海军制造飞机处，隶属海军总司令公署。1924 年，该处先后制成第一架水上轰炸机和海岸巡逻机；1930 年，制成高级教练机，最大航程 1230 千米，完成了由马尾至汉口的长途飞行。

位于上海龙华东路上的海军制造飞机处旧址

截至 1930 年，海军制造飞机处共造出各式水上飞机 17 架，使用的发动机均为外购，型号涉及寇蒂斯、劳斯莱斯、莱特、霍尔、罗尔斯·罗伊斯等。

1931 年，海军制造飞机处由马尾迁往上海，并入上海江南造船所；1931—1933 年，相继制成第一架水陆两用教练侦察机和舰载水上侦察机。1934 年，海军制造飞机处扩大规模，增建水泥钢骨飞机合拢厂 1 座。1919—1937 年，共制成各型教练机和巡逻机 32 架。其中，"海鹰 -1"号是第一架巡逻机，生产于 1923 年年底。资料显示，该机可以发射鱼雷，这在当时真是很了不起的事情。先后研制的教练机和侦察机包括：丙一、丙二水上轰炸机，它们的质量达到 2.95 吨，最大速度达到 170 千米／时；甲一、甲二、甲三、乙一等初级教练机；戊一"江凫"号、戊二"江鹭"号、丁一"海鹰"号、丁二"海雕"号等。这些飞机虽都是双翼木制水上飞机，但外形简洁美观，性能上乘，可与国外同期同类飞机相媲美。

1937 年，抗日战争全面爆发，在上海 6 年的海军制造飞机处被迫移驻湖北宜昌，后撤至成都，并入"中央航空委员会"。

二、上海虹桥航空工厂

上海虹桥航空工厂是上海地区的首家航空工厂，成立于 1927 年。当时，鉴于航空器材均经上海口岸进口，为便于飞机修理，国民政府军事委员会航空处决定在上海虹桥机场建立一家航空工厂，取名为上海飞机修理工厂。

上海飞机修理工厂生产车间

上海飞机修理工厂虽地处远东最大的港口 —— 上海，但这家飞机工厂却显得格外寒酸，因为南京国民政府财政上捉襟见肘，根本拿不出太多的钱来养这个吞金工厂。

该厂初期规模很小，设备简陋，厂房仅建造机器间和引擎间，所需引擎、发电机和铁工、木工等各种机械，均向上海德国商行订购，开办费用仅有 1.5

万元。1928 年冬，国民政府军政部航空署成立，接管了飞机修理工厂，并将其改名为上海航空工厂，首任厂长为钱昌祚。同年，该厂航空技师饶国璋等着手研制双翼教练机，于次年 2 月完成，并由厂长沈德燮亲自驾机试飞成功，命名为"成功 -1 号"。

国产成功 -1 号飞机告成后，该厂于 1930 年 4 月继续购地，扩建厂房、库房、停机坪和职工宿舍，成立了设计、制造、器材、烤工等部门，人员逐步发展到 100 多人。

在那个时代，航空工业的任何扩张，都是一种工业实力的提升！在扩建成功后，上海航空工厂又制造过几架爱弗罗式教练机，均获得试飞成功。

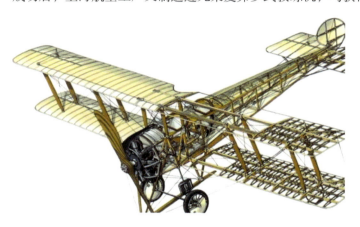

爱弗罗式教练机结构图

对于自造飞机，国民政府当局并不热心，空军和航校也无意采用国产飞机。这让上海航空工厂陷入发展窘境，虽然能够制造飞机，却因为没有销售出路而难以维持正常生产，经费也随即告罄，但南京方面并没有及时补充经费，对上海航空工厂不抱希望。

1932 年，"一·二八"淞沪抗战爆发，在日军对上海的陆空攻击下，上海航空工厂不幸被日本军机的炸弹炸毁。工厂被炸毁后，员工被并入南京航空修理厂。上海制造飞机的历史也变成了过往云烟。

三、龙华机场与上海飞机制造厂

1. 龙华机场

作为中国民航的发源地，龙华机场是我国最早建成的大型机场。

龙华机场原为北洋政府松沪护军使署的江边大操场。1922年，北洋政府驻上海陆军因军事训练需要，向国外订购了6架飞机。由于装配飞机需要宽阔的场地，因此择定龙华大操场作为飞机装配之地，同时将其开辟成机场。

1929年6月，经国民政府军政部批准，由航空署接管龙华机场，后交通部又将其作为"中航"的飞行基地。龙华机场一带江面宽阔，利于水上飞机起降，"中航"遂利用龙华机场附近黄浦江面为其多系水陆两用飞机起降之所。1933年，龙华水陆两用机场初步形成，当时被人们称为"龙华飞行港"。1934年，欧亚航空公司（后改组成立"中央航空运输公司"，即"央航"）总部从虹桥机场迁至龙华机场后，机场与"中航"合用。

至1936年，经上海市政府及"中航"和"央航"不断修建，龙华机场的设施已初具规模，不仅可供水上飞机起降，而且陆地跑道长度增至1200米，能容DC-2飞机及其以下各型飞机起降，成为当时中国条件最好的一个民用航空机场。

龙华机场旧址

1937 年 7 月 7 日，抗日战争全面爆发。同年 11 月，上海沦陷，龙华机场被日军侵占，机场原有设施遭到了不同程度的破坏。

抗战胜利后，龙华机场一度由国民党空军接管，后因民航运输需要，"中航"和"央航"相继迁回龙华机场。自 1946 年起，"中航"和"央航"经营的国内航线都有很大发展，并且陆续都在拓展国际航线。

至 1948 年，龙华机场不仅成为中国民用航空运输的枢纽机场，还是当时远东地区最大的一个国际民航机场。

2. 上海飞机制造厂

新中国成立后的上海航空工业，起步于飞机修理。上海解放后，上海市军管会接管了龙华机场。1949 年 5 月，上海市军管会空军部组织人员修复了国民党空军留下的一架已被破坏的 C-46 运输机，命名为"上海解放号"。这架飞机后来飞往北京，参加了开国大典的空中检阅，这是上海解放后修复使用的第一架飞机。

1950 年 9 月，军委民航局上海办事处在龙华机场内以"两航"起义人员为基础建立了一支 90 余人的飞机修理队。

1951 年 2 月，隶属于军委民航局上海龙华机场的飞机修理队扩编为军委民航局机械修理厂上海分厂，同时配备了各种器材设备，并按技术种类及工作性质设立材料组、检验组、庶务组、场务组、技术组、办公室、发动机拆卸组、飞机拆卸组等 8 个部门，以及工友组、机工组、喷漆组、电器组、电讯组、附件组、液力组、设备组、仪器组、机身组、发动机组、养护组、螺旋桨组等 13 个生产组，共有职工 374 人，其中原"两航"机务人员 301 人。

1951 年 10 月，军委民航局机械修理厂上海分厂正式编为军委民航局第二修理厂，承担飞机大修及一部分地面设备和飞机零部件的制造工作。1952 年 1 月，军委民航局第二修理厂有了明确的编制；5 月，军委民航局第二修理厂交由重工业部航空工业局管理；7 月 1 日，修理厂改名为国营 521 厂，归航空工业局领导，并开始扩建。在相关部门的支持下，国营 521 厂陆续从部队转业人员和政府机构中调入一批干部，由华东各机关选送一批学徒，从有关技工学校分来一批毕业生，从上海市兄弟厂调入近 40 名机械工，充实了队伍。厂部建立了 16 个科、3 个室、1 个所、5 个车间和 1 个试飞站。到 1953 年，工厂成为运输机及强击机修理厂，生产纳入国家计划范畴，成为国防工业系统中一个企业化管理的飞机修理厂。

随着航空工业的发展和飞机试制的成功，集中力量加强飞机制造业的基础成为发展航空工业的重要课题。为了壮大空军和巩固国防，便于航空工业局集中精力抓飞机制造，1955 年 3 月 18 日，国营 521 厂划归空军领导，航空修理工作逐步转交给空军。

1956 年 2 月，工厂迎来了一个重要转折点，由螺旋桨式飞机修理工厂发展到喷气式战斗机修理工厂。工厂的主要任务是修理米格型飞机并继续修理伊尔 -10 飞机直到报废，厂名也改为中国人民解放军空军第 13 修理工厂（简称空军 13 厂）。1965 年 7 月 1 日，空军 13 厂又改名为中国人民解放军第 5703 厂（简称 5703 厂）。

1969 年和 1970 年，国务院总理周恩来、中共中央主席毛泽东先后指示上海要造大飞机。为此，5703 厂成为大型喷气式客机的总装厂，在建立和发展我国自主研制大型旅客机的征程上跨出了具有里程碑意义的一步。

20 世纪 50 年代初到 70 年代初，从飞机修理队发展而来的 5703 厂共修理、改装了 40 多个型号的 3400 多架飞机，其中为部队改装战斗机 600 多架，有力地支援了抗美援朝战争和空军建设。

这段时间，该工厂在出色地完成了国家交给的飞机修理任务之外，还自行研制出国内第一架水上飞机——飞龙 1 号，并于 1958 年 9 月成功首飞，制造任务用时仅为 48 天。

1972 年，民航上海管理局机关自龙华机场迁至虹桥国际机场。之后，驻龙华机场的 5703 厂，以龙华机场一直由民航与 5703 厂共同使用为由，要求以机场的南北跑道中心线为界，以东部分的土地归上海飞机制造厂管理使用，以西部分的土地由民航上海管理局使用。

从历史资料分析，龙华机场由民航经管，1953 年民航将其中飞行跑道以东的房屋移交给国营 521 厂（5703 厂前身），至此，该厂开始有其独立使用的厂房、车间，之后根据生产的需要，又陆续建造了一些厂房、车间。由于进行飞机修理和试飞，该厂一直同民航共同使用机场飞行区，并曾实施过机场跑道设施的维修工作。所以，整个龙华机场，民航同 5703 厂既有相互独立使用的区域，又有共同使用的地方，双方未明确各自的土地使用界线。到20 世纪 90 年代，经上海市政府出面协调，明确丰乐路以北地区土地使用权归上海飞机制造厂（即 5703 厂）。

1970 年 8 月，国家计委、中央军委国防工业领导小组对上海正式下达试制生产大型运输机的任务。同年 9 月，成立了大型喷气式旅客机会战组，将这一任务定名为"708 工程"，飞机代号运 -10，同时确定飞机总装在空军第5703 厂完成。

为了便于"708 工程"项目的开展，1974 年 1 月，经国务院、中央军委批准，解放军 5703 厂下放给上海，隶属于上海第一机电工业局，4 月 9 日改名为上海 5703 厂。几乎同时，"708 工程"设计组从 5703 厂划出，成立上海市 708 设计院，1978 年改名为上海飞机设计所，代号 640 所。

1979 年 3 月，上海 5703 厂划归上海市航空工业办公室，并以上海飞机制造厂（简称上飞厂）作为第二厂名。1992 年 7 月，上海飞机制造厂正式成为第一厂名，职工总人数也从 1951 年的 374 人发展到 2009 年的 3799 人，成为中国航空工业中的一支骨干力量。

四、大场机场与运 -10 飞机

上海大场机场位于上海市北部宝山区大场镇，周围有长 11 千米的护场河。"八一三"淞沪抗战爆发时，中国军队在大场与日军浴血奋战。1938 年，侵华日军出动飞机 150 余架次向大场镇区投弹 160 多吨，整个大场成为一片焦土。上海沦陷后，日军在大场镇东北强行圈地，毁坏村庄，在此建造大场机场。抗战胜利后，中华民国空军接管大场机场。上海解放后，该机场被中国人民解放军接管，1953 年 3 月交由中国人民解放军海军航空兵部队管理。1949 年前后几经修缮，该机场一直作为军事设施，不向公众开放。

在国家有关部委和上海市政府支持下，1972 年 1 月，有关部门在大场机场地面建设飞机制造基地。1973 年 6 月，国家确定了运 -10 的研制进度和建设规模，在大场新建了飞机铆装、总装、试飞、钣金、大件机械加工、有色金属表面处理和模拟试验等 11 个厂房，加上仓库、食堂、宿舍等配套设施共 30 项，制造基地已初具规模。

考虑到运 -10 将来的试飞，上飞厂对上海虹桥、江湾和大场等 3 个机场展开调研，提出扩建大场机场供运 -10 试飞的方案，并得到中央和上海市委的批准。

扩建后的大场机场，跑道长 3192 米，宽 48 米，为钢筋混凝土结构。此外，还新建一条长 2080 米、宽 20 米的滑行跑道，中间 20 米为 32 厘米厚的钢筋混凝土结构，可供 150 ～ 200 吨飞机起降。

在全体研制人员的努力下，1976 年 7 月，上飞厂制造出第一架用于静力试验的飞机。1978 年 11 月，全机静力试验一次成功。1979 年 12 月，第二架用于飞行试验的飞机制造成功。1980 年 9 月，运 -10 飞机在大场机场首飞成功。

运 -10 试飞成功，在国内外引起强烈反响。美、英等国航空界纷纷发表评论，认为"这是中国航空技术的重大发展""使中国民用航空工业同世界先进水平的差距缩短了 15 年"。

此后，上海飞机制造厂在大场机场的制造基地里先后生产过 MD-80、MD-82 和 MD-90 喷气式客机，ARJ21 飞机也在这里生产制造，并且运 -10、ARJ21 以及组装的 MD-82、MD-90 等飞机均在大场机场完成首飞。中国自行研制的喷气式客机运 -10 项目下马后，运 -10 飞机曾长时间停放于大场机场内的停机坪上，后转移至中国商飞的新厂区供人参观。

五、国际合作

几十年来，中国航空人一直在探索振兴中国民机产业的道路。20 世纪 90 年代初，中国航空工业总公司（简称中航总，即后来的中国航空工业集团有限公司）提出了发展民机"三步走"的设想：第一步是和美国麦道公司合作组装飞机，提高生产制造能力；第二步是与欧洲空客公司合作发展 AE-100 项目，提高设计水平；第三步是规划自主开发型号，逐步走上自主经营的道路。

其中第一步，即和美国麦道公司的合作项目分为两个阶段，第一阶段是合作生产 MD-82 飞机，第二阶段是合作 MD-90 干线客机。

1985 年 4 月，上海航空工业公司、中国航空器材公司和美国麦道公司签订合作生产 25 架 MD-82 飞机的合同。首架 MD-82 飞机于 1986 年 4 月开铆，1987 年 7 月交付北方航空公司。1991 年 10 月，第 25 架 MD-82 飞机交付。

MD-82 飞机是麦道公司 MD-80 飞机的改进型，是由该公司 DC-9 飞机发展来的一款中短程飞机。MD-82 与波音 737、空客 320 属于同一级别，拥有两台喷气发动机，客座 147 ~ 172 个，时至今日，也属于标准的"大飞机"。

1986 年 10 月，经国务院批准，对上海航空工业公司及其所属厂所实行部、市双重领导，以部为主的领导管理体制。1989 年 12 月，上海航空工业公司、中国航空技术进出口总公司（简称中航技）和美国麦道公司签署继续合作生产 10 架 MD-82/83 飞机的协议。

1994 年 10 月 18 日，第 35 架飞机交付。在这 35 架飞机中，19 架 MD-82 飞机交付北方航空公司，11 架 MD-82 飞机交付东方航空公司，5 架 MD-83 飞机返销美国，交付环球航空公司。

MD-90 飞机

1992 年 3 月，中航技和麦道公司签署了 40 架 MD-90 干线飞机项目合同。由于种种因素的影响，干线飞机生产量削减为 2 架。2000 年 9 月，2 架 MD-90 飞机交付北方航空公司并投入运营。

MD-90 干线飞机项目由中航总负责管理，对外由中航技与麦道公司签订合同，对内由中航总组织上航、西飞、沈飞、成飞共同合作完成。中国生产的零件达到 40000 项，机体国产化率达到 70%。这个项目在国内首次采用了"主制造商 - 供应商"模式，上海航空工业公司建立了供应商管理部，编制了供应商管理程序，发出了采购指令和相应的工艺状态表，派出了质量代表，承担主制造商的管理责任，成为真正的总装厂。

在合作生产整机的同时，上飞厂也承揽转包生产业务，积极融入全球民机产业链。1979 年 10 月，上飞厂通过中航技与麦道公司签订了中国第一个航空零部件转包生产合同，生产 MD-80 飞机主起落架舱门。之后，上飞厂与麦道公司的合作逐步扩大，转包生产扩大到水平安定面等 8 个部件。到 1999 年麦道停产时，共交付各部件 3819 套。

1995 年，上飞厂与波音签订了 737NG 水平安定面的转包生产合同，于 1999 年 6 月交付首架份，目前已交付 4600 多架份，速率达到 30 架 / 月，产品质量优秀。2001 年，上飞厂成为亚洲首家获得波音公司质量体系证书（BQMS）的企业。2006 年 2 月，上飞厂与空客公司签订 A320 系列货舱门门框制造合同，目前已交付 2000 多架份。

经过 35 架 MD-82/83 飞机组装和 2 架 MD-90 飞机合作生产，上海飞机制造业的技术和管理水平上了一个新台阶。同时，在与麦道公司近 20 年的合作中，上飞厂获得了大量设计和工艺资料，对这些资料的消化吸收提高了我们的设计和制造水平。

在适航管理上，麦道项目也为中国民机产业带来了不小的收获。我国对民机适航标准的探索、研究和应用始于 20 世纪 70 年代。1972 年 8 月，运 -10 飞机总体方案评审会明确以 FAR-25 部作为运 -10 飞机适航标准，但是在当时的历史环境下，这种研究和应用还只能局限于技术规范领域。在 MD-82/90 飞机的合作生产中，FAA 通过对工厂的十多次质量保证系统分析评审

（QASAR）和航空器审定系统评审大纲（ACSEP）检查，对上飞厂的生产线进行严格监控，让上飞人建立了适航的法制观念，对生产过程的适航管理有了亲身体验。但是，这时我们还没有经历过研发过程的适航认证，这一课要到ARJ21飞机的研制阶段才补上。

1985年，受中国民航局委托，640所完成了我国第一部适航规章——《中国民用航空规章　第25部：运输类飞机适航标准》（CCAR-25-R4）的编制工作。同年12月31日，中国民航局正式将其颁布实施。

可以认为，到这时，中国民机产业已经具备了发展一种以我为主、自行设计，安全可靠、性能适中，面向国际国内两个市场，但首先以国内市场为主的90座级喷气式客机的基本能力。

然而遗憾的是，1997年波音兼并麦道，并关闭了MD-90飞机生产线。此后空客也停止了与我方合作的AE-100项目，"三步走"的设想刚刚起步就走不下去了，中国民机产业迷失了方向，中国民航工业也随之陷入困境。

六、长达十年的人才流失

20世纪90年代，随着MD-90、AE-100项目的相继失败，国产大飞机的梦想几乎被碾碎。当时国内的大背景是国企改制。社会面上，企业裁员下岗，下海经商盛行，包括航空企业在内的大部分企业都面临十分窘迫的困境。

那个时期，我国军队建设进展缓慢，除特殊军事装备外，大部分武器只预研不生产。以笔者曾工作过的西飞为例，当时公司下属300多家企业，30多年才生产了200多架飞机，最困难的时候，公司为开源节流，对部分职工进行裁员和转岗，甚至要靠生产铝门窗、客车等民用产品来补贴武器装备的研制，公司的运营形势十分严峻。不过，当时的中国航空工业中，日子最难过的当属上海飞机制造厂。

1997年，麦道公司被波音公司收购。MD-90飞机的组装项目刚有点起色便面临停工的困境。上海飞机制造厂的一位副厂长，准备辞职到上海一家外企应聘。当外企询问原因时，他直言道："造飞机是我毕生的理想，但现在我们无机可造，估计将来很长一段时间也不会造飞机。"为了减少人才流失，上海飞机制造厂还将不少技术骨干推荐到新加坡的同行公司就职。当时的想法就是通过劳务输出的办法将最好的技术工人先储备下来，一旦工厂恢复飞机生产，再招这些员工回来。

20世纪90年代末期，上海兴起了汽车制造的热潮，十分看重自主研发，吸纳了一大批原上海飞机设计研究所的设计人员。发展到后来，上汽集团甚至打算兼并上海飞机设计研究所，将其改造为上汽研发中心，同时希望收购龙华机场，将其建设成为上海汽车城。

危急时刻，中航总挺身而出，亲自出面协调，上汽集团的兼并没有实现，上海的航空工业才保全了根基。不过，航空人才的流失仍在继续，长达10年之久，对中国民用飞机设计能力造成了极大削弱和沉重打击。

七、市场机制下的自主创新

在民机产业遭遇挫折的情况下，2000年2月，国家决定发展具有世界先进水平的涡扇支线飞机，随后中国航空工业第一集团公司在上海成立项目公司——中航商用飞机有限公司（简称中航商飞），启动ARJ21新支线飞机研制工作。2007年12月，首架ARJ21新支线飞机总装下线。

2008年5月，中国商用飞机有限责任公司（简称中国商飞）成立，中航商飞并入中国商飞，担负起统筹干线和支线飞机发展的使命。2008年11月，首架ARJ21新支线飞机成功首飞。在经过长达6年的试验试飞后，2014年12月，ARJ21飞机获得中国民航局颁发的型号合格证（TC）。2015年11月，首架ARJ21飞机交付成都航空公司。

ARJ21新支线飞机项目是一个复杂的系统工程。参加这个项目的不仅有现隶属于中国商飞的上海飞机设计研究院（原640所）、上海飞机制造有限公司（原上飞厂）、上海飞机客户服务有限公司、民用飞机试飞中心、基础能力中心，还有现隶属于中国航空工业集团公司的第一飞机设计研究院、西飞、沈飞、成飞、强度所、试飞中心和特种所以及国外19家供应商等。

ARJ21 新支线飞机项目严格按照国际通用的适航管理条例，对设计、试制、试验、试飞、生产、销售和产品支援服务的全过程进行管理，这在我国民机发展史上是第一次。ARJ21 新支线飞机项目使我国真正走完了从民机研制到航线服务的全过程，对适航条例的理解和贯彻达到了前所未有的深度和广度。

ARJ21 新支线客机

ARJ21 新支线飞机项目把产品研发的单一任务扩展到"产品 + 服务"的理念是我国民机研制实践的第一次。按照"产品 + 服务"的理念，在研制产品的同时，创建与国际接轨的客户服务能力，建设客户服务体系，得到主管部门的认可和支持，受到客户的欢迎。

ARJ21 新支线飞机项目研制和生产采用"主制造商 - 供应商"模式是我国第一次民机研制实践。坚持以我为主，承担起全机集成综合的责任，牢牢掌握供应商选择和工作分工的决定权，第一次按国际惯例通过招投标选择供应商。我国民机主制造商第一次采用风险共担的国际合作模式参与民机市场竞争，既坚持了自主知识产权，又降低了项目风险和研制经费需求。

ARJ21 新支线飞机项目让我国的民机产业人才队伍得到了考验和锻炼，为一大批新人的成长提供了机会。这些在项目中成长起来的年轻人，让世界看到了中国民机产业发展的蓬勃朝气。

八、走上振兴发展的新征程

2008 年 2 月，国务院常务会议审议并原则通过《中国商用飞机有限责任公司组建方案》。根据该方案，上海飞机设计研究所、上海飞机制造厂、中航商用飞机有限公司以及上海航空工业（集团）有限公司本部整体划入中国商用飞机有限公司。

2008 年 3 月，国务院正式批准组建中国商用飞机有限责任公司。2008 年 5 月，中国商用飞机有限责任公司在上海正式成立，成为实施国家大型飞机重大专项中大型客机项目的主体，也成为统筹干线飞机和支线飞机发展、实现我国民用飞机产业化的主要载体。

经过多年的艰苦努力，ARJ21 新支线飞机取得型号合格证和生产许可证，实现批量生产和交付，C919 飞机也成功取得中国民航管理局颁发的适航证，中俄远程宽体客机 CR929 也已经正式启动，上海的飞机制造业走上了振兴发展之路。

在短短的 10 余年里，中国商飞成立了六大中心——设计研发中心、总装制造中心、民用飞机试飞中心、客户服务中心、基础能力中心和北京研究中心，强化了六种能力——研发设计能力、总装制造能力、市场营销能力、客户服务能力、适航取证能力和供应商管理能力。

中国商飞在 ARJ21、C919 飞机制造上，坚持采用"主制造商 - 供应商"模式，聚集 14 个国家和地区的 250 余家供应商形成供应链。目前，国内有 22 个省（自治区、直辖市）、200 多家企业、36 所高校、数十万产业人员参与了 C919 大型客机研制，包括宝钢在内的 16 家材料制造商和 54 家标准件制造商成为大型客机项目的供应商或潜在供应商。在择优选择 16 家跨国公司作为大型客机机载系统供应商的同时，推动国际供应商与国内企业开展合作，组建了航电、飞控、电源、燃油和起落架等机载系统的 16 家合资企业，通过技术转移、扩散、溢出，提升我国民机产业研发与制造的整体水平，提升了国内民机产业配套能级。

截至 2021 年 8 月，ARJ21 飞机机队在中国国际航空公司（简称国航）、东方航空公司（简称东航）、南方航空公司（简称南航）、成都航空公司、天骄航空公司、江西航空公司和华夏航空公司的航线飞行时间累计超过 10 万小时。这是 ARJ21 飞机投入商业运营后又一重要里程碑，标志着飞机的安全性和可靠性得到验证。

2022 年，C919 大型客机进入商业运营；ARJ21-700 飞机批产、交付，运营逐渐走上正轨；中俄合作的宽体客机项目合资公司也已成立，并启动了 CR929 宽体客机项目，中国商飞的产品系列已经全面铺开。

现如今，"一定要有自己的大飞机"已经成为国家意志。遵循着国家意志和民族梦想的指引，上海的飞机制造业走上了振兴发展的新征程。

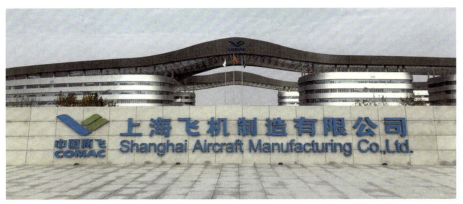

如今的中国商飞上海飞机制造公司

China's

Large

Aircraft

第四章
国产大飞机，往事
不堪回首

一、运-10，一言难尽的大飞机

对航空业内人士来讲，运-10飞机是中国民航工业史上最沉重的话题，每每提及，总是五味杂陈，感慨万千，但又难以言表。

1956年，苏联在图-16飞机的基础上成功研制了一款喷气式客机图-104，这引起了中方的注意。能不能在国产轰-6飞机的基础上改型、设计一种喷气式客机？这一念头进入了中国领导人的脑海。当时，美、苏、英等大国国家元首出访，都愿意乘坐自己国家生产的客机，这不仅仅涉及面子问题，更多是一个大国综合实力的体现。然而20世纪50年代的中国，百废待兴，航空工业基础非常羸弱，只能引进国外的民航客机，且以引进苏联飞机为主。

1963年，世界上第一款涡桨客机——子爵号从英国引进中国，改变了苏制客机垄断中国民航的状况。1971年，从苏联订购的伊尔-62和安-24飞机先后投入使用。随后，中国又从英国引进了"三叉戟"飞机，该机型因1971年9月林彪叛逃乘坐而被全世界广为知晓。至此，中国民航机队的各型民航客机总数超过110架，但没有一款大型客机为"中国造"。

1970年7月29日，第三机械工业部召开大型运输机研制预备会议，提出了8条设计原则和技术指标，即载客量100人左右，安装3～4台发动机，

图-104 客机

航程 5000 千米，飞行高度 1 万米，速度 1000 千米 / 时，可全天候飞行，基于轰 -6 飞机改进，而非重新设计。

同年 8 月 21 日，《关于上海试制生产运输机的报告》经国家计委、中央军委国防工业领导小组同意，项目命名为"708 工程"，飞机代号运 -10。8 月 27 日，运 -10 飞机研制任务正式下达，上海受命研制生产。同年 9 月，上海第一汽车附件厂被确定为大型客机制造配套的发动机，发动机代号为"涡扇 -8"。为保险起见，1971 年，第三机械工业部决定涡扇 -8 发动机的研制工作在上海和成都两地同时进行。

当时，马凤山担任运 -10 的总设计师。他大胆提议，大型运输机以轰 -6 飞机为基础，但不能照搬苏联客机的研发路线，可适度借鉴欧美的经验，因此运 -10 成为中国第一架按欧美适航条例（即后来的 FAR-25 部）设计的国产飞机。

1972 年 2 月，美国总统尼克松访华，中美关系解冻。尼克松来华乘坐的美国"空军 1 号"波音 707 客机给中方留下了深刻印象，同时也开启了中国民航的"波音时代"。同年，中国民航部门订购 10 架波音 707 客机。运 -10 飞机研制人员终于有了直接接触、学习西方先进技术、适航标准和参考样机的机会。

"三叉戟"飞机

轰-6飞机

1972年6月，修订后的运-10飞机主要设计原则和主要性能指标被确定为：机翼下吊装4台国产涡扇-8发动机，实用航程大于7000千米，巡航速度约870千米/时，起飞滑跑距离小于1.3千米，飞行升限1.2万米，载人100～120名，最大起飞质量为110吨，最大商载为17吨，远航程商载为5吨；前期先按国际干线航班要求设计，待飞机研制成功后，再根据要求改为首长专机。1972年8月，大型客机总体设计方案会审会议召开，运-10飞机总体设计修订方案审查通过。1973年年初，运-10飞机的设计和试验工作全面铺开。

1973年6月，国务院、中央军委联合发布文件，明确大型客机运-10的研制工作由上海市统一领导，并负责组织实施，技术业务由第三机械工业部负责归口领导；确定以第三机械工业部、航空研究院、空军来沪的600多名设计人员为基础在上海组建大型客机设计院，即640所，具体负责运-10飞机的设计，空军5703厂下放给上海市，具体负责制造；同意海军航空兵和5703厂共享大场机场，有关机场跑道延伸和总装厂房等建设由上海市负责。

周恩来总理亲自领导了运-10飞机的早期研制工作，1973年有人提出购买英国的VC-10客机专利进行试制，但被否决，排除了对自行研制运-10飞机的干扰。来自中央各部委、军队及21个省（自治区、直辖市）的262个单位一同参与了运-10飞机的研制工作，所需要的机床、轴承、大型锻件、型材和板材，由第一机械工业部和冶金部安排。1974 年 5 月，国务院批准由民航总局调拨 1 架波音 707 飞机配合研制工作，试飞机组和地勤维护人员均由民航总局负责调配。

设计中，运 -10 飞机全面参考了波音 707 飞机，从中吸取了不少有益的经验。因此，在外观上运 -10 与波音 707 极为相似。1975 年 6 月，运 -10 飞机设计图纸全部完成。1976 年 7 月，上海飞机制造厂制造出第一架运 -10 用于静力试验。1980 年 6 月，运 -10 飞行试验机制造完成，此时飞机安装的是波音 707 飞机配套的普惠 JT3D 涡扇发动机。1980 年 8 月，运 -10 飞机的操纵、液压、燃油等系统的模拟试验也相继完成。

运 -10 飞机为下单翼，机翼上反角 7°，安装角 2°，四分之一弦线后掠角为 33.5°。机翼采用双梁单块式铝合金铆接结构。尾翼为全金属结构，平尾为全动式，最大可上偏 2.5°，下偏 12°；垂尾为对称翼型。该机机身为半硬壳式，横截面由两段圆弧构成倒 8 字形状，机身共有 87 个隔框，其中 1～74 框为气密舱。该机驾驶舱采用 5 人体制空勤组，即正驾驶员、副驾驶员、随机机械师、领航员和通信员。

运 -10 飞机用于远程国际航线时，客舱内设有 124 座。客舱分前后两部分：前客舱是商务舱，有 16 个座椅，共 4 排，每排 4 人；后客舱是经济舱，设有 108 个座椅，共 18 排，每排 6 人。前客舱前端有服务间、厨房、储藏室、厕所各 1 个；后客舱后部设有服务间、厨房、衣帽间、储藏室各 1 个，厕所

波音 707 飞机

运 -10 飞机

3 个。用于国内航线时，全部用经济座位，共 149 座。如果用于中短程航线，还可增至 178 座。

运 -10 飞机的电子设备主要有 627 导航计算机、256 气象雷达、771 多普勒雷达、WL-7 无线电罗盘、108 全向信标 / 仪表着陆接收机、领航 -3 自动领航仪、大气数据计算机等，还配有 70 号短波单边带电台 2 套，机内通话器、播音设备及录音设备各 1 套。该机仪表设备主要有高度表、无线电高度表、马赫数表、升降速度表、地平仪、大气温度表、航向指示器，发动机用的排气温度表、压力比指示器、三用表、燃油量表、燃油消耗量表等。

1980 年 9 月 26 日上午 9 时 37 分，运 -10 飞机在上海大场机场进行首次试飞，飞行 28 分钟后，于 10 时 05 分安全落地。运 -10 飞机起飞质量 80 吨，不收起落架和襟翼，飞行高度 1350 米，速度 310 ~ 330 千米 / 时。运 -10 首飞成功，这一消息立刻在国内外引起强烈反响。

随后，从 1980 年 10 月至 1984 年 6 月，运 -10 飞机先后转场试飞北京、合肥、哈尔滨、乌鲁木齐、广州、昆明、成都等地，7 次成功飞抵西藏拉萨。1981 年 12 月，运 -10 飞机转场北京，进行了飞行表演。

不过，我国的大飞机研制毕竟刚刚起步，运 -10 飞机虽成功首飞，但仍有大量的试验工作没有开展，机身结构、仪表系统可靠性尚存在问题。同一时期的国产配套涡扇 -8 发动机研制也进行得很不顺利，漏油问题严重。相比之下，西方各种先进客机纷纷进军中国民航市场，飞机既安全又舒适，以至于相关负责人明确表示，运-10 飞机存在严重的可靠性问题。这可能导致运-10飞机数年甚至十年内迟迟无法投入运营。面对质疑，1981 年 4 月，国务院委托第三机械工业部和上海市，联合召开了运-10 飞机论证会，55 位相关专家组成了联合评审小组，对运-10 飞机进行详细考察，小组充分肯定了研制运-10飞机的必要性，并建议走完研制全过程。尽管如此，1982 年起，因资金缺乏，运-10 飞机研制基本停顿。1985 年，财政部不再拨款，运-10 飞机的研制计划彻底终止。

运-10 项目的下马确有经费紧张的原因，然而性能不足，不能和同期引进的先进大飞机媲美也是不争的事实。不过，令人更加惋惜的是，运-10 项目停止后，研发团队就地解散，这在一定程度上瓦解了中国大飞机的研发和配套能力，使得中国在很长时间内丧失了客机的产品开发平台，最终导致中国民用航空技术长期停滞甚至倒退，造成如今波音、空客两大外国民航巨头垄断国内民机市场的尴尬局面。

二、MD-82 和 MD-90，难得的历史机遇

运-10 飞机研制失败后，中国航空工业总公司制定了我国发展民机的"三步走"战略。具体来说，第一步：部分制造和装配 MD-80/90 飞机，由美国麦道公司提供技术，提高生产制造能力；第二步：与国外合作，联合研制100 座级飞机，提高设计技术水平；第三步：自己设计、制造 180 座级干线飞机。

作为"三步走"战略的第一步，1985 年，中美签订《合作生产 MD-82及其派生型飞机、联合研制先进技术支线飞机和补偿贸易总协议》等 6 个协议或子协议，首轮有效期为 12 年。其中最核心的当属联合生产 MD-82 飞机，毕竟技术还需要得到实践才能积累起经验。美国支线飞机 MD-82 的介入，给运-10 项目最后一击，将后者彻底逼停，这一点也被不少人认为是运-10 下马的重要原因之一。

1986 年 4 月，第一架双方联合生产的 MD-82 飞机在上海举行开工典礼。次年 5 月，首架 MD-82 飞机完成总装。同年 7 月，首架 MD-82 飞机顺利进

行了首飞。由于是美国提供主要部件和技术规范，当月月底就获得美国联邦航空局颁发的适航证，并直接交付北方航空公司用于商业运营。

MD-82 飞机

按照协议，首批生产总数是 25 架，计划 1991 年生产完工。由于美国提供技术和各种零部件，组装工作效率相对较高，为防止在生产完之后宝贵的生产线陷入停工，1989 年双方再次达成生产 10 架飞机的协议。其中有 5 架增加了机体油箱，作为大航程的 MD-83 型飞机返销美国。

1992 年，更重要的联合研制下代支线飞机计划也提上日程。当年，中国航空工业总公司与麦道公司签订了合作生产 40 架 MD-90 飞机的合同。这次已经不是"组装飞机"，而是美国出知识产权，中国出设备和人工，合作制造飞机。不论对麦道还是对中航总，这都是具有很大挑战性的。

MD-90 飞机是具有 20 世纪 90 年代水平的新机种，1994 年才取得 FAA 型号适航证。它是 150 座级干线飞机，机身长 46.5 米，航程 4402 千米。和同一时期中美之间合作生产的 MD-82/83 飞机相比，MD-90 飞机换装了经济性更好、噪声更低的 V2500 高涵道比涡扇发动机，驾驶舱仪表和系统设备也有较大改进。

MD-90 合作项目和 MD-82 项目大不相同。生产模式上，MD-90 飞机采用了主制造商 - 供应商生产模式。过去，组装是上飞厂一家干，现在是由中航总组织上航、西飞、沈飞、成飞四家企业共同承担。这是中国航空工业第一次实施国际通行的主制造商 - 供应商生产模式。工作份额上，MD-82 飞机中方加工零件数为 2000 余项；而 MD-90 飞机机体中方生产的零件数量超过 4 万件，国产化率达到了 70%。责任承担上，MD-82 飞机是由麦道公司提供零组件、配套件和工艺文件，在麦道公司的质量控制下组装的；而 MD-90 飞机美方只提供图纸和原材料，中方负责从零件制造到总装试飞的工作，并在质量控制和适航保证方面承担主要责任，也就是说，美国的知识产权，中国制造。

MD-90 飞机

MD-90 属于干线飞机，属于大型客机，质量要求严苛。要取得美国航空联邦管理局（FAA）适航证，必须符合西方严格的质量保证体系。主制造商 - 供应商制度适应了这样的质保体系。上航作为主制造商，在总公司领导和支持下，负责整个项目的生产、技术、质量的控制与协调，同时还直接承担 40个部件和工位的制造任务。

主制造商必须取得美方公司生产许可证延伸的批准，其他三家作为供应商，其质量体系也必须符合适航要求，并符合适航当局（即 FAA）评审标准。美方和 FAA 当局在对我方四厂制造能力评审通过之后，派出驻厂人员，对管理、工艺各方面实行监督。

为了达到"首架飞机就要过关"的要求，参与项目的四厂花费了巨大努力，购置、制造设备，消化技术资料，培训队伍，组织协作和攻关。参加项目的各厂广泛开展技术攻关，攻克了许多重大关键制造难题。经过几年深入消化吸收，加上美方配合，上航生产的两架 MD-90 飞机均顺利获得了 FAA颁发的适航证。MD-90 项目的成功，说明这四厂的质保体系已经通过了 FAA评审标准，即四厂制造干线飞机的能力已被国际航空界认可。

通过 MD-90 项目，可以说中国民航工业在管理上已与国际接轨，上了一个台阶，制造能力有了重大突破，缩小了国内外差距，技术队伍经过实际锻炼，技术水平有了很大提高。此项目已成为我国民机制造进一步发展的基础。

然而遗憾的是，1997 年麦道公司被波音公司兼并，国务院决定"同步停产"，原先的 20 架 MD-90 飞机生产任务仅完成了 2 架。从工程实施的角度看，中国民航工业所受的打击是十分沉重的。

对于当时的国内民航公司来说，他们也不愿意买已经停产的飞机，因为国际航空工业的售后服务是讲究"奉陪到底"。

参加干线项目的四厂中，上航因为没有军品任务，所以受"同步停产"的冲击最大。资金立即陷入困境，规定参加项目的各厂发生的费用，只能各自找银行解决。从 1995 年到 1998 年 6 月月底，上航项目贷款已达到了计划贷款的峰值，"同步停产"使得银行不得不停止了上航的贷款。失去资金支持后，上航只能在造完 2 架 MD-90 飞机后被迫停产。

客观地讲，在 MD-90 项目中，美国把大量技术资料输出海外，把如此先进的飞机总装线放在海外，这在国际上是罕见的。20 世纪 90 年代，中美关系处于微妙状态，这样的技术转让显得尤为宝贵，但我们的民机工业还是没有抓住这个难得的历史机遇。

三、夭折的"亚洲快车"

20 世纪 90 年代，欧洲空客公司迅速崛起，美国未雨绸缪，波音合并麦道后，美国客机与空客的竞争能力得到了加强。受波音吞并麦道的拖累，中国和麦道公司合作的 MD-90 项目被迫叫停，巨额的投入直接打了水漂。

国产大客机运 -10 项目和 MD-90 项目相继下马后，中国希望获得拥有自主知识产权的民用大飞机的梦想并没有停止。1995 年 1 月，中航总下发了《关于建立民机总体设计部的通知》，不久，民用飞机工程发展中心（即民机总体设计部）在北京正式成立。该中心的人员从中国航空研究院 603 所（简称 603 所）、上海飞机设计研究所（640 所）、航空系统工程研究所和西安飞机制造公司（即 172 厂）等单位借调而来。

当时，欧洲空客公司的客机在世界范围内卖得火热。受此启发，亚洲各国不论官方还是民间都普遍流行一种观点：欧洲人能团结起来捣鼓出自己的客机，亚洲人为什么不行？

1994 年，我国民机总体设计部的技术人员和韩国航空界进行了多次接触，达成了双方共同研发新型干线客机的合作意向。同年 3 月，时任韩国总统的金泳三对中国进行国事访问，在这次访问会谈中，中韩双方就共同研制干线客机达成了一致。联合研制干线客机项目终于迈出了实质性的第一步，项目名称被定为 AE-100，即"亚洲快车 100"，其中 AE 为英文 Asia Express 的缩写，100 代表客机的载客量为 100 人。

为了减小项目技术风险、扩大市场占有率，以及方便获得国外权威机构（主要是美国联邦航空局和欧洲航空局）的型号认证，在与韩方协商后，中航总正式发出了寻求 AE-100 国际合作伙伴的消息。消息发布后，美国波音公司、麦道公司，法国宇航公司，英国宇航公司都给出了积极的回应，其中以波音公司和麦道公司最为热情。

1994 年至 1995 年间，波音公司接连往北京派出代表团，不遗余力地说服中航总在其波音 737-600 飞机的基础上进行微调作为 AE-100 飞机。

该提议貌似很诱人，但波音公司的交换条件是 AE-100 项目必须纳入波音 737NG 系列的范畴，使其成为波音 737 的一个子型号，全部设计工作可由中韩联合设计团队在波音公司的组织下在波音总部完成，同时，中韩两国必须为使用波音公司的技术资源和享受波音公司名称这一无形资产支付约 10 亿美元的使用费。这一提议遭到了中航总的断然拒绝，波音公司从 AE-100 项目中出局。

AE-100 飞机

波音离场后，每况愈下的麦道匆匆赶来。当时的麦道公司财政危机严重，苦心策划的下一代支线客机 MD-95 项目的市场前景不容乐观，AE-100 项目无疑是日薄西山的麦道公司眼前的一根救命稻草。麦道公司表示愿意参加 AE-100 项目，且没有任何先决条件和附加条件。由于此前中方在和麦道合作生产 MD-82 和 MD-90 飞机时吃过亏，中航总提出麦道公司可以参加 AE-100 项目，但先决条件是必须停止 MD-95 项目，理由是 MD-95 会与 AE-100 形成竞争关系。对此，麦道公司表示不能接受。于是，麦道公司也被排除在 AE-100 项目之外。后来，在多种因素影响下，韩方也被迫退出了 AE-100 项目。

美国和韩国退出后，法国宇航公司找上门来，和中航总进行了漫长且十分艰难的谈判。讨价还价后，法国宇航公司和中航总签订了关于研制 100 座级别民用支线客机的初步合作意向书。为了壮声势，法国宇航公司还邀请英国宇航公司、意大利阿莱尼亚宇航公司组成亚洲国际飞机公司专门负责 AE-100 项目。

似乎嫌声势还不够大，在中、法、英、意四国高层的运作下，空客公司于 1996 年 12 月宣布参加 AE-100 项目，以 1995 年 8 月首飞、1996 年 4 月投入运营的 A319 型客机为蓝本按 100 座级的标准进行改进，作为 AE-100 客机的基础设计。不久，新加坡方面也表示对 AE-100 项目感兴趣，也加入进来。根据各方签订的合作协议，首架 AE-100 项目原型机要在 4 年后实现首飞。

按照项目运营的设想，在 AE-100 项目预发展阶段，中航总将组织大批

MD-95 飞机

队伍前往欧洲参加项目的联合工作，民机总体设计部大部分成员也将参加项目联合工程队伍。为此，中航总在西安专门成立了 AE-100 项目现场指挥部。就此，中方做好了运作 AE-100 项目的准备。

一切看起来那么美好，但是，此时的空客公司突然表示，经考察后发现中方能力有限，控股困难，所以必须支付空客公司巨额的技术转让费。对此，中航总约空客公司、新加坡方面于 1998 年 2 月 18 日在北京进行一次最终谈判。但空客公司与新加坡方面爽约，对谈判态度消极，三方北京谈判"流产"。

1998 年 4 月，亚洲金融风暴席卷而来，正好空客公司高层换届。新一任空客公司高层表示，AE-100 项目在经济上没有存在的必要。这一表态直接预示着 AE-100 项目将要走到尽头。同年 6 月，在评估了当时国内外的经济形势后，中方忍痛放弃了 AE-100 项目，先前成立的 AE-100 项目工程发展部和民机总体设计部也随之解散，历时 4 年的 AE-100 项目尚未启动就胎死腹中，让人唏嘘。

第五章
C919 的研发历程

C919 大型客机是我国首款按照最新国际适航标准研制的干线客机。2006 年，国务院成立大型飞机重大专项领导小组，拉开了中国研制大型客机 C919 的序幕；2008 年，中国商飞成立，召开了大型客机项目论证大会；2009 年，C919 项目正式发布；2015 年，首架原型机完成总装下线，2017 年 5 月成功首飞；2019 年，6 架试飞飞机全部投入试飞工作，进入"6 机 4 地"的大强度试飞阶段；2020 年，C919 飞机正式进入局方审定试飞取证阶段；2022 年，C919 客机获得了中国民航上海航空器适航审定中心颁发的型号合格证；同年，首架 C919 客机交付首家用户——东方航空公司。

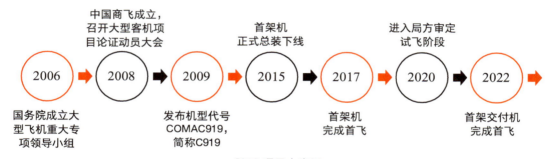

C919 项目大事记

一、研发背景与设计特点

C919 大型客机，是中国首款按照最新国际适航标准，与美、法等国企业合作研制组装的干线民用飞机，于 2008 年开始研制，最大载客量为 192 座。C919 客机是建设创新型国家的标志性工程，机体具有完全自主知识产权。基本型混合级布局 158 座，全经济舱布局 168 座，高密度布局 174 座，标准航程 4075 千米，最大航程 5555 千米。

针对先进的气动布局、结构材料和机载系统，研制人员前后共规划了 102 项关键技术攻关，包括飞机发动机一体化设计、电传飞控系统控制律设计、主动控制技术等。先进材料首次在国产民机上大规模应用，第三代铝锂合金材料、先进复合材料在 C919 机体结构用量中分别达到 8.8% 和 12%。

1. 研制背景

大型飞机重大专项是党中央、国务院建设创新型国家、提高我国自主创新能力和增强国家核心竞争力的重大战略决策，是《国家中长期科学和技术发展规划纲要（2006—2020 年）》确定的 16 个重大专项之一。让中国的大飞机飞上蓝天，是国家的意志，人民的意志。

2008 年，中国商用飞机有限责任公司成立，总部设在上海，成为实施国家大型飞机重大专项中大型客机项目的主体，员工 8300 多人，确定了"一个总部，六大中心"的布局。"六大中心"分别为中国商飞下辖的设计研发中心（上海飞机设计研究院）、总装制造中心（上海飞机制造有限公司）、客户服务中心（上海飞机客户服务有限公司）、北京研究中心（北京民用飞机技术研究中心）、民用飞机试飞中心和基础能力中心。其中，设计研发中心承担了我国首次自主研制的 C919 中型客机、ARJ21 新支线飞机的工程设计任务和技术抓总工作。

中国商飞的 Logo

2. 设计原则

（1）自主知识产权。根据国内外市场需求，全面按照国际民航规章和适航标准，综合考虑安全、经济、舒适和环保的要求自主研发，拥有完全自主知识产权。

（2）强化战略合作。按照"主供应商-供应商"模式，深化国际国内合作，风险共担、利益共享，形成大型客机的国际国内供应商体系。项目初期采购部分国外系统设备，鼓励国外供应商在中国发展，逐步形成我国民机产业。

（3）掌握和了解市场与客户的需求，减阻、减重、减排，全面优于竞争机，直接使用成本（DOC）降低 10%。要确保我们研制出来的大型客机在未来的同类产品中具有竞争性。

（4）采用国际标准，确保安全性、突出经济性、提高可靠性、改善舒适性、强调环保性，以国内销售为主，逐步打入国际市场。

试飞中的 C919 飞机

3. 设计技术

（1）采用先进气动布局和新一代超临界机翼等先进气动力设计技术，达到比现役同类飞机更好的巡航气动效率，并与 10 年后市场中的竞争机具有相当的巡航气动效率。

（2）采用先进的发动机以降低油耗、噪声和排放。

（3）采用先进的结构设计技术和较大比例的先进金属材料和复合材料，减轻飞机的结构重量。

（4）采用先进的电传操纵和主动控制技术，增强飞机综合性能，减小人为因素的影响，提高舒适性。

（5）采用先进的综合航电技术，减轻飞行员负担、提高导航性能、改善人机界面。

（6）采用先进的客舱综合设计技术，提高客舱舒适性。

（7）采用先进的维修理论、技术和方法，降低维修成本。

4. 设计特点

C919 客机属中程商用飞机，实际总长 38.9 米，翼展 35.8 米，高度 11.95 米，其基本型全经济舱布局为 168 座；标准航程为 4075 千米，最大航程为 5555 千米，经济寿命达 9 万飞行小时。

C919 飞机采用了大量先进的复合材料和铝锂合金，其中复合材料使用量达到 12%，通过飞机内部结构的细节设计，最大限度地降低了飞机的重量。另外，C919 飞机使用了占全机结构重量 20% ~ 30% 的国产铝合金、钛合金及钢等材料，充分体现了 C919 大型客机带动国内基础工业的能力与未来趋势。同时，由于大量采用复合材料，较国外同类型飞机 80 分贝的机舱噪声，C919 机舱内噪声降到了 60 分贝以下。

C919 是一款绿色排放、适应环保要求的先进飞机，通过环保的设计理念，C919 飞机碳排放量较同类飞机降低了 50%。

舒适性是 C919 机舱设计的首要目标。机舱座位布局将采用单通道，两边各 3 座，其中中间的座位空间适当加宽，有效地缓解了以往坐中间座位乘客的拥挤感。官方资料显示，C919 飞机采用先进的环控、照明设计，提供给旅客更大的观察窗、更好的客舱空间、更好的舒适性；同时减小了剖面周长和剖面面积，减轻了机身结构重量。

C919 飞机采用四面式风挡。该项技术是国际上先进的工艺技术，目前干线客机中只有最新的波音 787 采用，它的风挡面积大，视野开阔，由于开口相对较少，简化了机身加工，减小了飞机头部气动阻力。但是该工艺难度相对较高，机头需要重新进行吹风试验，优化风挡位置和安装角，同时也有风挡玻璃面积相对较大、成本较高等缺点。该设计对机头受力和风挡间承力支柱强度提出了更高要求，属于国际上比较先进的设计。

C919 飞机采用的四面式风挡

C919 飞机采用了 34 兆帕压力的液压系统,与一般民用飞机采用 20 兆帕压力的液压系统相比,前者可提供更大的动力。压力的增加意味着可使用较小的管道和液压部件传输动力,减轻了重量。

C919 飞机翼展有 35.8 米长,除了装有起落架之外,还能储存燃油,加起来共能容纳 1.8 万升燃油。C919 飞机采用了双侧杆正杆飞行控制系统,其特色在于采用两种不同构型的 4 个独立主飞行控制系统,包括 2 个常规液压动作系统和 2 个电 - 液动作系统。C919 飞机采用电 - 液动作系统使其在动力资源上具备更大的灵活性,增加了冗余性,提高了安全性。

5. 客舱布局

C919 机身长度 38.9 米,其中客舱段全长 29.1 米,可分为全经济级、混合级和高密度级三种客舱布置构型。全经济级布局时为 168 座,一共 28 排,排距 0.81 米;混合级布局时为 158 座,公务舱 2 排 8 座,排距 0.91 米,经济舱 150 座,排距 0.81 米;高密度级布局时为 174 座,排距 0.76 米,公务舱每排 4 座,经济舱每排 6 座。

客舱内设置有厨房、卫生间、逃生通道、乘务员座席等。其中,乘务员座椅共 4 座,前服务区 2 座,后服务区 2 座。

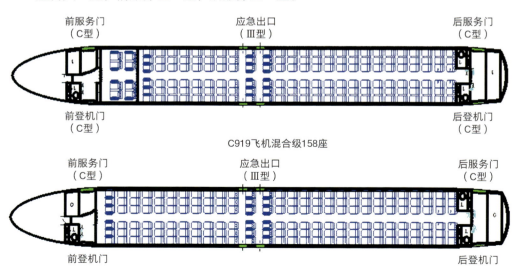

C919飞机混合级158座

C919飞机全经济级168座

C919 客机混合舱布局与全经济舱布局

在实际商用环境下，各个航空公司会有各自的需求，座位数还会做进一步调整。

6. 性能参数

客座数（混合舱／全经济舱）：158/168 座。

最大起飞质量：72.5 吨（标准型）/77.3 吨（增强航程型），最大着陆质量 66.6 吨。

最大设计航程：4075 千米（标准型）/5555 千米（增强航程型）。

巡航速度：850~1030 千米／时，最大使用速度：1000~1030 千米／时。

最大实用升限：12.1 千米。

客舱压力高度：2.4 千米，客舱压力值：0.8 兆帕，初始巡航高度：10.7 千米。

起飞距离：2.2 千米，着陆距离：1.6 千米，最高空载进场速度：276.55 千米／时。

二、研发历程

2006 年，国务院发布了《国家中长期科学和技术发展规划纲要（2006—2020 年）》。大型飞机重大专项被确定为 16 个重大科技专项之一。8 月 17 日，国务院成立大型飞机重大专项领导小组。

2007 年，国务院召开常务会议，原则通过了《大型飞机方案论证报告》，原则批准了大型飞机研制重大科技专项正式立项。8 月 30 日，中央政治局召开常委会，听取并同意国务院大型飞机重大专项领导小组《关于大型飞机重大专项有关情况的汇报》，决定成立大型客机项目筹备组。

2008 年，中国商飞在上海成立。7 月 3 日，在上海召开大型客机项目论证动员大会。

2009 年，中国商飞正式发布首个单通道常规布局 150 座级大型客机，机型代号"COMAC919"，简称"C919"。12 月 21 日，中国商飞与 CFM 公司在北京正式签署 C919 大型客机动力装置合作意向书，选定 CFM 公司研发的 LEAP-1C 发动机作为 C919 大型客机唯一国外启动动力装置。12 月 25 日，C919 大型客机机头工程样机主体结构在上海正式交付。

2010 年，C919 大型客机 1∶1 展示样机在珠海航展上首次展出，获得 100 架启动订单。中国民用航空局正式受理 C919 大型客机型号合格证申请。

2011 年，C919 大型客机首次型号合格审定委员会会议在上海召开，C919 飞机研制全面进入正式适航审查阶段。12 月 9 日，C919 大型客机项目通过国家级初步设计评审，转入详细设计阶段。

2012 年，《C919 飞机专项合格审定计划（PSCP）》在上海签署。12 月 4 日，历时 19 个月的 C919 飞机七大部件之一的复合材料后机身部段强度研究静力疲劳试验项目全部完成。

2013 年，C919 飞机铁鸟试验台在中国商飞上飞院正式投用，C919 项目系统验证工作正式启动。12 月 31 日，C919 大型客机项目首架机头在中航工业成飞民机下线。

2014 年 5 月 15 日，C919 飞机首架机前机身部段在中航工业洪都下线；7 月 23 日，C919 飞机首架机平尾部件装配在中国商飞总装制造中心浦东基地正式开工；8 月 1 日，C919 大型客机首架机中机身部段在中航工业西飞下线；8 月 21 日，C919 大型客机首架机中后机身部段在中航工业洪都下线；8 月 29 日，C919 大型客机中机身 / 中央翼、副翼部段在中航工业西飞通过适航检查，完成交付；9 月 19 日，C919 大型客机首架机在中国商飞总装制造中心浦东基地开始结构总装；10 月 30 日，C919 大型客机首架机后机身前段在中航工业沈飞民机交付。

2015 年，C919 大型客机首架机后机身后段完成制造并通过适航审查，正式交付中国商飞。7 月 22 日，CFM 公司首台 LEAP-1C 发动机交付中国商飞总装制造中心浦东基地。11 月 2 日，C919 大型客机首架机在浦东基地正式总装下线。这标志着 C919 首架机的机体大部段对接和机载系统安装工作正式完成，同时标志着 C919 大型客机项目工程发展阶段研制取得了阶段性成果，为下一步首飞奠定了坚实基础。

C919 大型客机首架机总装下线

C919 飞机全机静力试验现场

2016 年 4 月，C919 大型客机全机静力试验正式启动。6 月，C919 飞机水平尾翼智能装配线建设名列工信部智能制造拟入选项目。11 月，东方航空公司成为 C919 飞机全球首家用户。12 月 25 日，C919 飞机首架机交付试飞中心。

2017 年 4 月 18 日，C919 大型客机通过首飞放飞评审。4 月 23 日，C919 大型客机完成高速滑行抬前轮试验。5 月 5 日，C919 大型客机在上海浦东机场进行约 90 分钟的首飞，完成 15 个项目的测试。截至 2022 年年底，中国 C919 大型客机已获得全球 1000 余架的订单。

三、制造流程

飞机制造是指按设计要求制造飞机的过程，通常仅包括飞机机体零构件制造、部件装配和整机总装等，也就是普通老百姓理解中，飞机骨架和外壳等机体结构的制造和组装。动力装置、机载设备、液压系统、控制系统、仪表、附件等则由专门厂商制造，一般不列入飞机制造范畴。尽管如此，上述系统、设备、附件在飞机上的安装以及与各系统的连接、电缆和导管敷设、系统功能调试都属于飞机总装的工作，是飞机制造的重要组成部分。

C919 飞机的机体结构主要包括机头、前机身、中机身（含中央翼）、中后机身、后机身、外翼、垂尾、平尾、活动面等部段，由中国商飞自主设计，中国航空工业集团成飞、洪都、西飞、沈飞、哈飞、昌飞，航天特种材料及工艺技术研究所，浙江西子航空工业有限公司等单位共同制造，并由中国商飞负责总装。

作为 C919 大型客机最大的机体结构件供应商，西飞承担了 C919 飞机中机身（含中央翼）、外翼盒段等工作包的研制任务，在整个飞机结构中占比超过 35%。成飞民机作为 C919 大型客机机头的唯一供应商，负责机头的研制与生产。上飞承担 C919 飞机平尾以及部分中机身（含中央翼）的批产任务，同时负责飞机的部装和总装。此外，沈飞承担了后机身的研发，起落架舱门来自哈飞，前机身、中后机身来自洪都。

飞机制造的主要流程包括工艺准备（含工艺装备设计与制造）、零件制造（含毛坯准备、机械加工、钣金零件成型、非金属材料加工等）、部件装配、总装调试等。对于 C919 机体结构而言，这些制造流程需要西飞、成飞、上飞、沈飞和洪都等参与 C919 飞机制造的厂商独立或协同完成。

现代飞机制造技术正朝着数字化、并行化、智能化、集成化、柔性化等方向发展，在 C919 飞机制造的各个流程中，这种发展趋势被体现得淋漓尽致。

1. 工艺装备准备

C919 飞机涉及的零件多、机体结构复杂，制造中需要各种高成本的工艺装备，生产前需要做长期、大量的准备工作。

第一类是钣金类工艺装备。C919 结构中存在大量钣金件，譬如机身的框、襟翼、副翼、尾翼的蒙皮、长桁等，这些薄板类金属或非金属材料结构零件要加工成型，就需要有拉伸模、拉弯模、冲模、注塑模、压型模、型胎拉型模、滚压模、型材冲切模、型材下陷模、闸压模、导管模、热成型模、落压模、爆炸成型模、聚氨酯橡胶模、复合材料模等工艺装备。

第二类是机加工工艺装备。C919 飞机的翼梁、加强框、加强肋、各种接头和耳片 / 耳插、窗框等较厚实的零部件，常需要通过厚板类材料或锻铸焊结构件毛坯通过机床加工成型，这就需要车床夹具、铣床夹具、镗床夹具、焊接夹具、磨床夹具以及专用检验夹具等加工飞机零件的工艺装备。

第三类是地面设备和试验设备。C919 飞机零部件在加工、组装过程中，需要在车间内进行搬运、支撑、吊装、登临或储存，就需要有拖车、千斤顶、吊具、工作梯、存放架车等地面设备；C919 飞机研制中，飞机部件、系统、整机等需要进行各类试验，就需要液压试验设备、真空试验设备、压力试验设备、密封试验设备、电系统试验设备、模拟功能试验设备等专用工艺装备。

第四类是装配工艺装备。C919 飞机从零部件到组件，再从部件装配到总装配，最终成为一架合格完整的飞机产品。这一过程中，为了保证零部件加工以及组装的精度，用以控制几何参数所需的各种定位专用装备必不可少，具体包括装配型架、装配夹具、安装夹具、安装量规、钻模、钻孔样板、补铆夹具、对合夹具、精加工型架、平衡台、水平测量台、检验夹具等。

第五类是标准工艺装备。C919 飞机制造中，特别是初期试制时，通常会先制造出 1 : 1 的真实尺寸刚性零部件实体，以体现该零部件某些部位的几何形状和尺寸，并作为制造、检验和协调生产的模拟标准。这样的标准工艺装备可保证生产用工装之间和产品部、组件之间尺寸和形状协调与互换，具体包括标准样件、标准量规、标准平板、标准实样、标准尺规等。

2. 零件制造

在 C919 飞机制造中，框肋、蒙皮、壁板等典型钣金零件构成飞机机体的框架和气动外形，钣金制造技术的发展对提高飞机性能、加快飞机产品迭代、降低飞机研制费用具有重要意义。

现代飞机上普遍存在大量的薄壁零件。这些薄壁零件结构刚性差，预成形后或机械加工后，从夹具上卸下来时会在残余应力的作用下发生扭曲变形，因此需要对毛坯材料进行预拉伸等传统工艺处理。尽管如此，目前飞机钣金制造技术正向数字化方向发展。

在 C919 飞机钣金成形方面，数控铣床板坯下料、蒙皮拉伸成形、壁板喷丸成形 / 强化、零件高压橡皮囊液压成形等主要工艺均已实现数控化。精密钣金成形技术、代替化铣的蒙皮镜面铣切系统已在钣金加工中被采用。提高成形过程的数字模拟、动态仿真以及实时监控与变形量控制技术，钣金成形的专用设备等也开始向多功能、柔性化和机械加工化方向发展。

C919 飞机机身钣金结构

C919 飞机机体构件种类繁多，除各种钣金零件外，还包括大量骨架零件和整体结构件，相应的加工工艺也各不相同。例如长桁、普通框等型材零件的压弯、滚弯、拉弯，回转体零件的旋压、胀形、拉伸，框肋类零件的橡皮成形，整体壁板的切削加工、化学铣切和喷丸成形，骨架零件的数控加工等。近些年来，航空工业与制造业日新月异，高能成形、应力松弛成形、高速加工、复合材料等新技术、新材料和新工艺层出不穷，为适应现代飞机结构的发展，C919 飞机在零件制造上不断进行技术革新，大量数控加工技术被采用。除机加工数控化外，C919 飞机制造中还采用了 3C（即计算机辅助设计 CAD、计算机辅助工程 CAE、计算机辅助制造 CAM）集成系统、DNC 技术（分布式数控技术）、柔性生产单元和柔性生产线、高速切削加工技术、压紧器自动避让系统、全封闭式镗铣一体化柔性数控系统、座椅滑轨类零件专用一体化加工系统等先进技术和设备，极大地提高了工作效率。

复合材料零件在现代飞机结构中应用的比例越来越大，复合材料零件制造类设备和工艺装备也越来越先进。资料显示，C919 飞机复合材料用量约占总结构的 12%，应用的部位包括机身、机头、尾翼、中央翼、襟翼、副翼、机翼前缘、襟翼滑轨整流罩等。在 C919 飞机复合材料零部件的制造中，共固化成形、树脂传递模塑成形、复杂件缠绕成形、丝束铺放、复合材料辐照固化等复合材料制造新技术和质量保证技术均已得到大量应用。另外，真空辅助渗透成形技术、纤维缠绕 - 铺放技术、电子束固化技术等最新的复合材料制造技术和工艺也被飞机结构供应商们积极采用，极大地提高了工作效率，保障了零部件的品质。

3. 部件装配

飞机部件装配是飞机制造过程中由零件制造阶段进展到装配阶段的工作，是根据飞机尺寸互换协调原则，采用专用工艺装备、测量设备等将飞机零件、标准件和成品按照一定顺序和方法进行机体结构铆接装配、系统安装和调试的过程。在飞机制造过程中，飞机装配环节花费的工时最长，通常工作量占整个飞机制造总工作量的一半左右，装配成本占全机总成本的四成以上。飞机装配准确度直接影响到飞机的使用性能和生产的互换性，因此保证飞机机体的装配准确度是飞机装配的主要任务。

C919飞机结构尺寸大、形状复杂，为保证飞机零件、组合件或部件之间配合面的形状和尺寸的协调准确度，部件装配过程中采用了大量先进的部件定位和连接装配技术。

在部件定位方面，柔性装配定位系统、机械手找正零件定位装备、激光跟踪仪辅助定位系统、自动外形生成系统、壁板类流水线定位系统、无外形卡板型架装配等现代装配技术和设备被大量采用。其中，柔性装配定位系统、激光跟踪仪辅助定位系统还被用于对飞机特殊零件、组件、部件进行定位。在部件连接方面，数控钻铆机及干涉铆接、高压水制孔系统、计算机辅助钻削系统、数字模拟装配、电磁铆接和机器人自动化装配等也被采用。

4. 总　装

飞机总装对接是飞机制造中的关键环节，前期的零件制造、部件装配都

C919飞机机头装配现场

是为这一阶段的总装配积累基础。飞机总装对接主要包括机身段对接、翼身对接和尾翼对接。由于C919飞机的机头、中机身（含中央翼）、外翼、后机身、前机身与中后机身、尾翼等部段被分包给成飞、西飞、上飞、沈飞、洪都等国内的几大主机厂，因此中国商飞最后的总装环节显得尤为关键。

首先是机身段对接。C919飞机机身是机组人员、旅客、货物、机舱设备的核心载体，机身段的总装对接，即机头与前机身、前机身与中后机身、中后机身与后机身的对接，是保证C919飞机成功制造和安装使用的关键环节。按照安装顺序的不同，机身对接可以分为带翼对接法和成龙对接法。前者是指带中央翼的飞机中段先和外翼进行对接，然后再与机身前后段进行对接的方法；后者是指先把机身各段实现对接，然后再和机翼对接的方法。C919飞机采用的是带翼对接法。

C919 飞机的总装配

其次是翼身对接。翼身对接形成大十字架或小十字架，是构成飞机机体核心结构的主要环节。翼身对接可以分为全翼对接法和外翼对接法：前者是指左右外翼与中央翼预先进行横向对接，再参加全机对接的方法；后者是指中央翼先与中机身安装为一体，左右外翼再分别与中央翼进行对接的方法。C919 飞机采用的是外翼对接法。

最后是尾翼对接。水平尾翼因为分左右翼，所以其对接方式与机翼类似，分全水平尾翼对接法和左右水平尾翼外挂对接法两种，C919 飞机采用了后者。垂直尾翼是一个单独部件，大部分情况下参与飞机全机最后对接，如波音 737、C919 等。

四、从试飞到交付

2015 年 11 月，首架 C919 飞机完成装配总装下线，2017 年 5 月在上海成功进行首次试飞。

2017 年之后，中国商飞先后共生产了 6 架试飞机在陕西阎良、山东东营等地进行验证试飞。C919 客机在试飞中，先后完成了失速、最小离地速度及自然结冰试验，计划于 2021 年 12 月完成所有适航审定试飞，并交付给全球首家客户中国东航。为此，东航于 2021 年 3 月与中国商飞签订了 5 架 C919

客机的确认订单，成为 C919 飞机的全球启动用户，计划 2021 年 12 月交付第一架 C919 客机，2022 年交付 2 架，2023 年交付 2 架，3 年交付完毕。

由于新冠疫情的影响，截至 2021 年年底，飞机符合性飞行试验工作 3273 个试验点、审定试飞科目 276 项，只完成了 1694 个试验点和 34 项科目，远远落后于原定的试飞计划。为了赶上落后的研制计划，保证 2022 年年底前完成首架飞机交付，试飞各方紧密合作、密切配合，终于在 2022 年 9 月完成了所有适航审定项目，获得中国民航局型号合格证。同年 11 月，中国商飞向东航交付首架生产型 C919 客机。

东航作为 C919 项目启动用户，自项目研发之初就深度参与了 C919 飞机的试飞和测试，2017 年 5 月首飞时派出一架公务机进行伴飞观察，培养了 C919 飞机的第一个机组，从用户角度对飞机的运行和维修提出需求和意见。

6 架 C919 飞机齐聚一地

为了保证国产民机的安全运行，东航于 2020 年 2 月挂牌成立了全资子公司——一二三航空公司，专门运营 ARJ21 及 C919 国产客机。2021 年 5 月，又成立了 C919 飞机引进领导小组和工作小组，负责统筹协调各部门引进工作及资源保障，保证 C919 飞机通过补充运行合格审定，完成飞行、机务、航务、乘务、安保等专业人员培训，编写飞行运行手册和飞行员培训大纲，配合中国商飞制定 C919 飞机初始运营设计优化工作项，保证运营前设计优化更改的落实，支持中国商飞制定机型设计优化路线图和实施计划并保证落实。东航在飞机投入航线运营前需要进行大量保障工作，使 C919 真正成为一架运行高效、安全可靠的商业运营飞机。

China's

Large

Aircraft

第六章
C919 的构造

C919 飞机主要由机身、机翼、尾翼、起落架、动力装置、机载设备、控制系统等部分组成，其中机身、机翼、尾翼、起落架等部件构成飞机的主体结构。C919 飞机的机体结构主要包括机头、机身、外翼、平尾、垂尾等部段，由中国商飞自主设计，中国航空工业集团成飞、西飞、沈飞、洪都等单位共同制造，并由中国商飞负责总装。

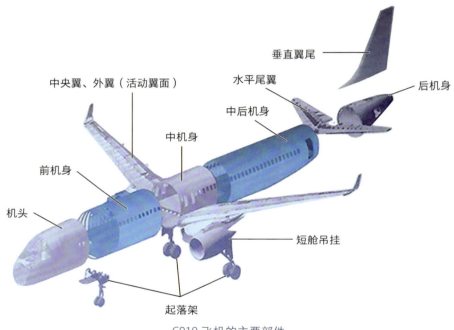

中央翼、外翼（活动翼面）
垂直翼尾
水平尾翼
后机身
中后机身
中机身
前机身
机头
短舱吊挂
起落架

C919 飞机的主要部件

一、机　身

C919 客机机身按照舱段功能，可分为驾驶舱、客舱和尾段；按照工艺装配，可分为机头、前机身、中机身、中机身后段和后机身（即机身尾段）。驾驶舱位于飞机的头部，是飞行员驾驶、操纵飞机的工作场所及轮休的地方。客舱包括前机身、中机身和中后机身，其功能是装载旅客、行李、邮件、货物以及相应服务设施、食品饮料、娱乐设施、救生设施和空中服务人员。后机身连接水平尾翼和垂直尾翼，其内部安装有辅助动力装置（Auxiliary Power Unit，

APU）。总之，C919 飞机机身的任务就是装载人员、货物、燃料和其他物资，同时连接机翼、起落架和安装系统设备，把全机连接在一起。

C919 飞机的机身

C919 飞机机身是整架飞机的受力基础，其承受的载荷主要有乘客、机组人员与货物、飞机部件与设备、机舱增压载荷和气动载荷、起落架着陆冲击载荷等。机身内部的骨架设置有普通框和加强框。

普通框主要承受蒙皮传入机身周边的空气动力，以及因机身弯曲变形引起的分布压力；加强框常位于舱门、大开口前后、翼身连接等部位，其作用是将其他部件上的载荷经接头传到机身结构上的集中力加以扩散并传给蒙皮；长桁承受机身弯曲时产生的轴力；蒙皮构成机身的气动外形，并保持表面光滑，承受局部空气动力。

C919 飞机机身长度 38.9 米，机头部分宽度 3.96 米、高度 4.16 米，机身前端等直段高度 4.2 米、宽度 4.2 米。机身的横截面近似为圆形。

机头的驾驶舱按视界要求设计，机身尾段设有擦地角，以防止飞机着陆时，后机身与地面摩擦起火。

C919 飞机的后机身段

C919 飞机机身内部的框与长桁

二、机头与驾驶舱

C919 大型客机机头部段全长 6.66 米，是由框、长桁、风挡骨架、蒙皮组成的典型的半硬壳式金属结构，包括座舱盖、前起舱、壁板、机头地板等几大部件，共涉及模块 311 项、零件近 4000 项。该部段首次采用承载式风挡设计，显著提升了飞机结构承载效率，减轻了飞机整机重量。C919 驾驶舱位于飞机机头内部。2014 年 7 月，C919 大型客机首架机机头部段在中航工业成飞民机装配下线。

C919 机头的前方有一近似半椭球状的雷达罩。该雷达罩由位于山东济南的中航工业特种材料研究所研制。雷达罩有一个高大上的学名——电磁窗。很多人都会以为雷达罩是一个坚硬的金属壳，但其实它是由极其柔软的玻璃纤维复合材料制成的。玻璃纤维复合材料的厚度为 0.2 毫米，大约是两张 A4 纸的厚度。两层玻璃纤维中间选用泡沫作为夹层结构材料，相对传统蜂窝夹层结构雷达罩，泡沫夹层结构电性能均匀、使用维护费低、维修方便，达到了国际先进水平。

现代客机大多采取两人制驾驶，有时需要安排一个临时座位供飞行检查员使用。C919 飞机驾驶舱也采用两人制，航电系统采用高速总线技术和大型数字化液晶平板显示器，飞行控制系统采用电传操纵技术并考虑主动控制技术。

驾驶舱作为飞机上的控制与操作中心，其设计好坏直接影响飞行安全。C919 飞机驾驶舱选用了双曲面整体承载式风挡玻璃，总共 4 块，面积很大，这对机头驾驶舱结构和风挡玻璃的光学性能提出了很高的要求，风挡与机头雷达罩线条融为一体，整体气动减阻效果明显。

C919 飞机驾驶舱内饰设计开始于 2009 年，在综合了展示样机、工程样机几轮方案设计后，于 2011 年 3 月通过了工信部对驾驶舱方案的评估。

驾驶舱是飞行员执行驾驶、控制飞机的场所，这个场所的设计考虑了人体工程学的要求。驾驶舱内设置有正驾驶仪表板和副驾驶员仪表板、中央仪表板、上部仪表板和顶部开关板、中央操纵台和侧操纵台，严格按照国际适航规范布局、安装。驾驶员座椅和各类操纵手柄部位也都采用了人体工程学设计。

C919 飞机的机头

C919 飞机的驾驶舱

　　驾驶舱是驾驶员观察机外环境的观察站，需要提供宽广的视界。按照适航规范要求，C919 飞机驾驶舱的视界在无降水情况下，其布局必须给驾驶员以足够宽阔、清晰和不失真的视界，使驾驶员能在飞机使用限制内，安全地完成任何机动动作，包括滑行、起飞、进场和着陆。

在驾驶舱内饰设计的"安全性"保障上，C919 飞机工业设计团队严格执行了 2008 年美国联邦航空局（FAA）颁布的 FAR-25 部第 25 ～ 127 号安保事项修正案，在设计时从布置和材料两个方面对 C919 飞机驾驶舱加以保护，充分考虑了驾驶舱防侵入及最小风险炸弹位置等因素，在进行空调设计、设备安装和管线布置时尽量避开危险点，降低炸弹爆炸造成的影响。另外，在进行驾驶舱内饰规划设计时，还应注意避免存在能够存放具有一定尺寸的危险品或爆炸物的空间。

在材料的选择上，驾驶舱门及操作界面的选材要求不易变形和凹陷。驾驶舱门及门两旁包容驾驶舱区域的厨房及盥洗室的前壁面也进行了加强，具有防子弹穿透的能力。驾驶舱门及厨房、盥洗室壁板间采用无缝衔接设计，也成为 C919 飞机驾驶舱内饰设计的一大亮点。

三、机　翼

1. 机翼的功用

机翼是飞机升力的主要来源，同时具有布置弹舱和油箱、收纳起落架的功能。另外，在机翼后缘上还安装有用于改善起降性能的襟翼，以及用于飞机横向操纵的副翼；在机翼前缘则安装有用于增加升力的前缘缝翼。飞机通过控制前缘缝翼和后缘襟翼往下展开到不同的卡位，来改变机翼弯度和面积，以增加或减少飞机起降时的升力及阻力，从而避免过长的滑跑距离。

C919 飞机机翼的主要构件包含了翼肋、翼梁、桁条和蒙皮等。机翼结构的基本作用是构成机翼的流线外形，同时将外载荷传给机身。C919 飞机机翼的承重结构依然采用金属材料，但机翼前后缘襟翼、缝翼、扰流板、翼梢小翼、翼身整流罩等大量采用了碳纤维复合材料。碳纤维复合材料具有重量轻、承重大的特性，适合用于制造飞机机翼相关的部件。

C919 飞机副翼部段位于机翼后缘外侧，是飞机的主要操纵面，复合材料用量达到 80%。2014 年 8 月，C919 飞机副翼部段在西飞通过适航检查，达到交付状态。2014 年 11 月，C919 首架机在西飞完成机翼的装配后，成功运抵中国商飞总装制造中心浦东基地。

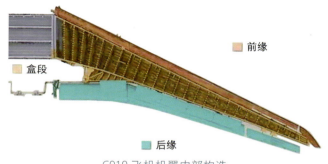

C919 飞机机翼内部构造

前缘

盒段

后缘

2. 超临界翼型

一架飞机在气动上是否设计成功，主要取决于机翼。作为飞机的主升力面，它对飞机的性能和飞行品质有重要影响。而翼型选择是飞机总设计师的战略决策，是客机设计的开始曲。

喷气式民航客机通常以略低于声速的高亚声速飞行。当飞行速度接近声速时，机翼上表面某些区域的气流速度可能已经达到声速，令飞行阻力急剧增加。这一时刻飞机飞行速度与声速的比值，被称为飞机的"临界马赫数"。早期的喷气式客机多采用的是传统的古典翼型，但随着飞行速度的一步步提高，古典翼型的设计已不能适应高速巡航飞行的要求。因此，只能寻求一种既能适应高速巡航飞行，又能保持较高气动效率的翼型，这就是超临界翼型。

C919 飞机的机翼采用超临界机翼设计，是目前国际航空设计中最为先进的机翼设计，相比传统机翼，可以减小 5% 的飞行阻力，节省大量燃油。

普通翼型

超临界翼型
普通翼型和超临界翼型

3. 翼盒与翼根

C919 飞机的机翼由中央翼（翼盒）、外翼盒、后缘襟翼、副翼、前缘缝翼、扰流片、发动机吊挂等部分组成。中央翼（翼盒）和中机身装配为一体，其左右分别与外翼翼盒相连。

机翼翼盒（包括中央翼和外翼盒）主要有 3 方面的作用。其一，连接左、右机翼，承受左、右机翼传来的升力、弯矩、扭矩等载荷；其二，作为机翼与机身的连接盒段，与机身载荷相平衡；其三，作为油箱使用。

C919 飞机外翼盒

C919 飞机翼身连接

C919 飞机机翼翼根是机翼与机身连接的地方，由于受到机身、整流包皮、起落架鼓包等影响，气流情况非常复杂。此处所占机翼面积比例很大，尾流情况有时会对尾翼的工作起到一定的负面影响。为此，在这个地方设计、安装了碳纤维复合材料的翼身整流罩，大大降低了该部位的气动阻力。

4. 翼尖小翼

机翼翼梢（也称作翼尖）处于机翼的最外端，此处是上下翼面气流的交汇处，也是产生"马蹄涡"气流的起始点；翼尖也是机翼的最远端，此处的气动载荷与机翼刚性有时会对整个机翼性能及结构产生重大影响。C919 飞机翼梢安装有小翼、防静电和防雷击装置及航行灯，其中精心设计的翼梢小翼对飞机巡航阻力，特别是诱导阻力有明显的抑制作用。

C919 飞机的机翼修长优美，翼尖部分微微向上翘起，好似舞蹈演员摆出的一个优雅的手部造型。该翼梢小翼采用的是国际先进的融合式设计，即机翼主翼面和小翼成自然过渡，而不是两个独立部分的简单装配，这样的设计可以显著减小飞行阻力，进而提高飞机的巡航速度。

5. 增升装置与副翼

C919 飞机外翼盒前后缘安装有飞机的增升装置，通常在飞机起降时工作，用来同时增加飞机的气动升力和阻力，以减小飞机起降的滑跑距离。C919 飞机的增升装置主要包括前缘缝翼和后缘襟翼。

前缘缝翼除了可以增加飞机气动升力外，还可以推迟或消除飞机前缘的失速。为使尽可能多的前缘气流得到控制，C919 飞机采用了全翼展布置前缘缝翼的方案，其左右机翼前缘各布置有 5 段前缘缝翼，分别称作左 / 右 1 号缝翼、左 / 右 2 号缝翼、左 / 右 3 号缝翼、左 / 右 4 号缝翼和左 / 右 5 号缝翼。当前缘缝翼"开缝"时，可使上下翼面气流顺利贯通，从而增大翼型的失速迎角，同时增大飞机的升力。

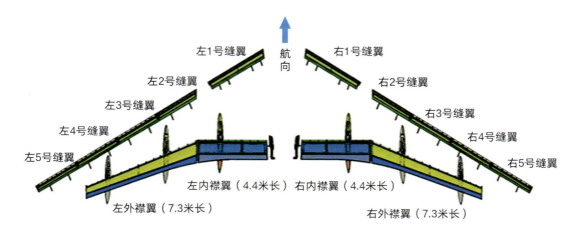

左1号缝翼　　航向　　右1号缝翼
左2号缝翼　　　　　　右2号缝翼
左3号缝翼　　　　　　　右3号缝翼
左4号缝翼　　　　　　　　右4号缝翼
左5号缝翼　　　　　　　　　右5号缝翼

左内襟翼（4.4米长）　右内襟翼（4.4米长）
左外襟翼（7.3米长）　　　右外襟翼（7.3米长）

C919 飞机的前缘缝翼及后缘襟翼（含滑轨运动机构）

　　C919 飞机机翼后缘的增升装置为后缘襟翼。飞机的后缘襟翼有多种形式，常见的有简单开裂式襟翼、简单后退式福勒襟翼、双缝式襟翼、三缝式襟翼。C919 飞机采用的是简单后退式福勒襟翼。

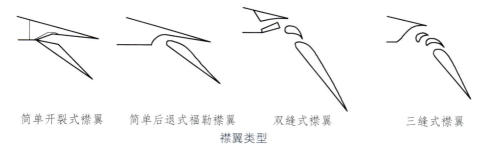

简单开裂式襟翼　　简单后退式福勒襟翼　　双缝式襟翼　　三缝式襟翼
襟翼类型

　　C919 飞机后缘襟翼有两种工作状态：起飞及着陆。电动机构、滚珠螺旋、襟翼滑轨组成襟翼收放机构。后缘襟翼的作用与前缘缝翼有点类似，也在飞机起降时工作，也是用来同时增加飞机的气动升力和阻力，以减小飞机起降滑跑距离。C919 飞机左右机翼后缘各有 2 段襟翼，分别称作（左 / 右）外襟翼和（左 / 右）内襟翼，每段襟翼下方连接有滑轨运动机制，用来驱动襟翼的开合。

6. 副翼与扰流板

副翼是飞机的横向操纵装置，操控飞机的方向、倾斜，它也是飞机横侧稳定性的保证之一。C919 飞机左右机翼后缘外侧各设置有一段副翼。

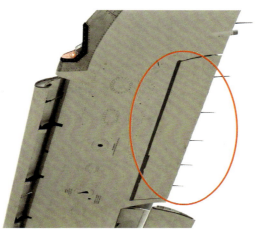

C919 飞机副翼（红色圈）

扰流板安装在机翼后梁后，位于后缘襟翼的前上方，成为机翼上表面的一部分。当扰流板垂直向上打开时，机翼上表面气流遭破坏产生紊流，减小升力的同时增加阻力，故又叫作阻力板。阻力板可与副翼联动使用，也可单独作副翼用。在着陆时打开扰流板产生的阻力可使飞机减速。C919 飞机左右机翼上方共设置有 10 块扰流板。

C919 飞机扰流板（红色框）

四、客舱与货舱

C919 飞机的客舱和货舱位于飞机的机身内，具体包括前机身、中机身和中后机身段，机身被地板区分为上下两部分，上部的服务空间是旅客舱，下部是货舱。地板上安装有地轨、座椅、厕所、厨房等设备。

前机身　　　　　　　　　　　　　中机身

中后机身

C919 飞机机身客 / 货舱段

经济性方面，C919 飞机全经济客舱可在保证旅客拥有基本活动空间的条件下尽量减少服务设施、布置最多的座椅，座位数可达 168 个。

舒适性方面，第一，从人体工程学角度出发，基于旅客的体型和休息需求，C919 飞机选择了舒适的航空座椅款式以及调节幅度；第二，基于现有客舱宽度，C919 飞机精细设计了合理的排距和椅宽，尽可能给旅客提供个人活动空间，提升乘客的舒适感受；第三，采用艺术设计和内装饰设计，优化 C919 飞机客舱的整体造型、照明、光线、色彩、声音、显示器、娱乐、舷窗及湿度等环境；第四，尽量给公务舱和头等舱旅客提供舒适的休息、娱乐和办公条件。

安全性方面，C919 飞机优化了应急救生布局，安排了供氧系统，供应了面罩、救生圈，配置了救生通道、救生船、救生滑梯，保证旅客能得到及时疏散，完成了烟火流场控制设计。严格按材料的阻燃性与燃烧后物质的毒性选择客舱材料，保证了应急状态下旅客的生命安全。

便利性方面，C919 客机给旅客提供了方便使用的盥洗室，以及可口的饮料、餐食。货舱的设计便于货物可靠固定和快速装卸。

C919 客机客舱为单通道，按照适航规章规定每侧为 3 个座位，经济舱采取"3+3"方案，公务舱为"2+2"方案。

经济舱　　　　　　　　　　　　　　公务舱

C919 飞机经济舱与公务舱

C919 的航空座椅由头靠、靠背、坐垫、扶手和座椅骨架组成，固定在客舱的地轨上。座椅款式、排距和宽度的选择按照客机舒适性设计。头靠、靠背、坐垫组成的形状符合人体工程学的功能要求。躺卧机构可操纵靠背向后倾，提升了旅客的舒适度。

C919 飞机的航空座椅

　　作为飞机座椅供应商，湖北航宇嘉泰飞机设备有限公司负责生产 C919 飞机航空座椅。其全新一代的公务舱座椅创新性地在单通道飞机上应用了"零重力"和"摇篮"式座椅的概念，即靠背后倾的同时，腿部抬升一定角度，这种乘坐姿势让旅客有一种"漂浮感"，是除平躺姿势以外最为舒适的角度，完美地满足了旅客对旅途舒适性的要求。

五、舱门与开口

　　C919 客机气密座舱的开口包括前登机门、前服务门、后登机门、后服务门、驾驶舱应急门、翼上应急门、应急离机门、旅客观察窗、下腹式货舱门、前起落架舱门和主起落架舱门。这些开口是飞机疲劳强度考核的关键部位，均按照抗疲劳破损方法设计而成。

　　C919 飞机前、后登机门位于飞机机身的左侧，一前一后是乘客登机、下机的进出通道，其中前登机门位于驾驶舱后方以及客舱前部，后登机门位于客舱末段、后厨房前方。

在飞机机身右侧，与前、后登机门相对应，一前一后设有两个服务门。飞机上的餐食都是由专门的航食车与服务门接轨运送到飞机上来的。注意：大部分客机在加注燃油、装卸行李时，基本也都是在飞机的右侧进行的。这样，在飞机左侧登机的乘客们可以安心登机，在飞机右侧的勤务人员也可以同时进行航前准备工作，互不干扰。

应急门属于应急-救生措施。C919 飞机的驾驶舱应急门位于驾驶舱的顶部，供驾驶员应急离机之用。翼上应急门位于飞机中机身左右两侧，左右各有 2 扇，处于主机翼的上方。假如飞机遭遇了火灾，乘客们需要紧急撤离，这时候飞机上就多了 4 个门，就相当于多了几个撤离通道，撤离的速度能提高不少，对乘客的人身安全也是一个保障。需要说明的是，当飞机上发生紧急情况时，飞机的舱门就不再按功能区分，所有舱门将同时打开作为逃生出口，充气滑梯也将全部放下。此外，C919 飞机前机身 29 ~ 32 框之间机身腹部还设置了一个应急离机门，该应急门从客舱地板直达机腹，可手动或电动开启，以方便遭遇不测之时离机之用。

C919 飞机的观察窗窗框

旅客观察窗及应急出口布置在两隔框之间。为了提高舱门 / 开口处的抗疲劳破坏强度，C919 飞机采用长条形机械加工壁板把窗口联成一体。应急开口作单独加强处理，以方便使用。

C919 飞机货舱门依据机场装卸作业要求安排设计，货舱门设置在机身左侧。C919 飞机的机身直径为 3.96 米，未来机械作业设备可直接进入腹舱，避免了人工进舱装卸。

六、机身尾段与辅助动力装置

从机身后气密底框开始到机身终点是为机身尾段。C919飞机机身尾段连接有多个部件。水平尾翼和垂直尾翼均连接在机身尾段上，辅助动力装置（APU）也安装在其内部。

仔细观察C919飞机的机身尾部，很容易看到其正后方有一个圆洞。其实该部位内部主要是一个小型的涡轮发动机，常被称作辅助动力系统。APU是飞机在地面上使用的，主要作用是在主引擎（也就是飞机主机翼上的推力引擎）关闭的情况下为整个飞机的电力、通信等一切需要用电或能量的设施提供电能。当然，APU也是为推力引擎的启动提供电力的装置。那个圆洞就是APU发动机散热、排出废气或者喷射气体的排放口。

C919飞机机身尾段布置

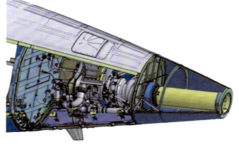

C919飞机机身尾段内的APU

七、尾　翼

C919飞机的尾翼包括水平尾翼（简称平尾）和垂直尾翼（简称垂尾），主要用于保持飞机在飞行中的稳定性，控制飞机的俯仰、偏航等飞行姿态。C919飞机的尾翼内部结构与主机翼十分相似。

C919飞机的水平尾翼由固定的水平安定面和可偏转的升降舵组成，平尾部段由双侧外伸盒段，外伸盒段前缘、前缘舱结构（双侧），外伸段后缘舱（双侧）及升降舵（双侧）等结构组成，主要采用复合材料层压板与蜂窝夹芯及钛合金锻件等新工艺、新材料。上飞承担全部零件工装制造、全部金属零件生产和大部分复合材料零件生产工作，哈飞负责平尾外伸段复合材料零件的生产工作，成飞民机进行平尾升降舵及机翼前缘复合材料零件的生产。

C919 飞机的垂直尾翼包括垂直安定面和方向舵，除重要的连接接头为钛合金零件外，绝大部分零部件为复合材料结构。2015 年 2 月，C919 首架机垂直尾翼由沈飞民机研制完成并通过适航检查，正式交付中国商飞。

C919 飞机尾翼

八、起落架

民用客机的起落架通常由机轮、承力支柱、减震器、收放机构、转弯操纵机构等组成，是飞机起飞、着陆、滑跑、地面移动和停放所必需的支持系统，尤其是在降落阶段，它要承受、消耗和吸收巨大的瞬间撞击能量。起落架对于材料强度、韧性等方面的要求较高，其性能的优劣直接关系到飞机的使用安全。

起落架是飞机的重要承力装置之一，C919 飞机起落架为高强钢整体锻造，没有焊缝。采用前三点式布局，主起落架和前起落架均为双轮，结构简单，结实耐用，可靠性优良。C919 飞机起落架由位于长沙的中航飞机起落架公司（简称中航起落架）及德国利勃海尔公司联合制造。

C919 飞机的主起落架

第七章
C919 的主要系统

除飞机结构，即常说的机壳和飞机骨架外，C919 飞机还要配备各种必要的系统，以给飞机提供良好的操稳性、安全性、经济性、舒适性、环保性和可维修性。

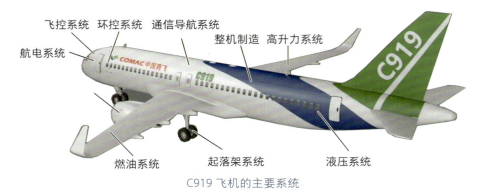

飞控系统　环控系统　通信导航系统　整机制造　高升力系统

航电系统

燃油系统　　　　起落架系统　　　液压系统

C919 飞机的主要系统

C919 飞机的主要核心系统包括动力系统（即发动机）、航电系统、飞控系统、通信导航系统、起落架系统、高升力系统、燃油系统、液压系统、环控系统以及电气系统等。

一、动力系统

C919 大飞机项目在系统和设备招标时，政策鼓励和促进国内外企业进行合作成立合资公司，并且优先选择合资公司的产品，其中一个重要的考虑就是借机推动国内相关领域的技术进步。但是，CFM 公司在为 C919 飞机提供发动机时，并不愿意成立合资公司转让相关技术。毕竟航空发动机是"现代工业皇冠上的明珠"，这家美法合资公司有"傲娇"的资本。

CFM 公司是由美国通用电气与法国赛峰集团各按 50% 的资金比例成立的合资公司。当今世界上最畅销的窄体干线客机波音 737Max 和空客 A320Neo 的发动机都是 CFM 公司生产的 LEAP-1X 系列，C919 飞机使用的也是 CFM 公司提供的 LEAP-1C 发动机。

作为 CFM 公司的王牌产品，LEAP-1X 系列航空发动机中，LEAP-1A 是专为空客 A320Neo 系列设计的，A320Neo 系列选配的另一型号发动机是普惠公司的 PW1000G，目前缺货，无法保证稳定供应；LEAP-1B 是装配波音

737Max 的；而 LEAP-1C 则是为我国的大飞机 C919 准备的。

CFM 公司为全球约四分之三的窄体机提供动力装置，包括所有的波音 737Max 和接近一半的空客 A320Neo，可见 CFM 公司在窄体客机发动机市场上独一无二的地位。进入中国市场后，CFM 公司一直在为中国引进和自主研制的客机提供发动机。

由于 CFM 公司不愿意合资转让技术，中国航发商用航空发动机有限责任公司（简称中国商发）于 2011 年决定为 C919 飞机自主研发配套的国产发动机 CJ-1000。到 2017 年年底，中国商发 CJ-1000 发动机首台整机在上海完成装备，2018 年 5 月第一次点火启动成功，核心转速达到设计要求。目前，该型发动机已经启动了适航认证工作。按照研制进度预计，CJ-1000 发动机要实现批量生产需要 5 ～ 8 年的时间，甚至更久。

C919 飞机的 LEAP-1C 发动机

2021 年 3 月，美国有关方面表示要考虑断供 C919 飞机的发动机，这一事件后来得到平息，但一把无形的利剑已经悬挂在了中国民航工业的头上，这无疑增加了 CJ-1000 发动机研制的紧迫性和责任感。

短舱和反推装置是发动机安装、高效工作的重要部件，由发动机进气道、整流罩、反推和排气装置组成，短舱的设计制造关系到飞机性能、操作安全、系统可靠性，其技术长期被国外公司垄断。C919 飞机短舱采用的是奈赛公司（Nexcelle）研发的短舱系统。奈赛是法国赛峰集团（Safran）和美国通用电气旗下 Middle River Aircraft Systems（MRAS）为研发新一代发动机机舱罩而成立的合资企业。国内西飞和赛峰合资组建的西安赛威短舱公司负责生产中国商飞 C919 飞机动力系统的短舱组件。

LEAP-1 发动机短舱

C919 飞机的 RAT 系统（红圈内）

　　除发动机外，民用客机往往还配备辅助动力装置，它是除主动力装置（发动机）之外可独立输出压缩空气或供电的装置，一般是小型的燃气涡轮发动机。目前 C919 飞机采用的是霍尼韦尔（Honeywell）的辅助动力装置，被安装在后机身尾段的内部。

　　2022 年 12 月，首架东航涂装的 C919 国产客机亮相，网上出现了多张高清照片。不少眼尖的网友发现，照片中，C919 飞机机头右下方打开了一个冲压空气涡轮装置，也就是俗称的"老鼠系统"，该装置因英文缩写 RAT（Ram Air Turbine）而得名。RAT 作为一种应急的供电设备，绝大多数现代客机都有装配，其功能为飞机断电时能提供暂时电力，保持通信，还能通过液压管路向飞机舵面和起落架施加作用力，进而控制舵面和放下起落架。

二、航电系统

　　航空电子系统，简称航电系统，是指将飞机上通信电台、雷达、导航设备、飞行管理等分散的系统，通过多路传输数据总线交联在一起的多功能"综合体"，常被比作飞机的"神经中枢"。

1. 昂际航电

　　2009 年 11 月，中航工业与美国通用电气达成协议，成立了一家专业提供民用航电产品和服务的合资企业，该企业的名称为中航通用电气民用航电系统有限责任公司（简称昂际航电）。该公司由通用电气公司和中航工业投资，股权占比各半。2011 年，筹备中的昂际航电被中国商飞选中，为中国首个民用大飞机项目 C919 机型提供核心航电系统、显示系统、机载维护系统和航电系统综合服务等。

昂际航电的英文名 AVIAGE SYSTEMS，由 AVIC 与 GE 组成，寓意母公司双方对合资公司未来发展的大力支持，也突出了公司的行业属性。昂际航电，意为"引领航电未来，自由翱翔天际"，突出公司的技术优势和卓越的航电解决方案，将帮助提升中国乃至世界的航电产业发展水平。

昂际航电公司标识为飞机驾驶舱舷窗的造型，象征昂际航电基于开放平台的综合航电解决方案，将带来更舒适的飞行体验和更先进的操作环境。同时，标识的造型也像一对飞翔的翅膀以及胜利的手势，寓意无穷的力量以及对明天的美好希冀。

中国民航发展几十年，一直没有一家自主的航电系统公司，直到 C919 飞机航电系统的开发研制，即昂际航电的诞生，才开始扭转局面。

昂际航电的 Logo

目前，在 C919 飞机的 9 家金牌供应商里面，中国有 4 家公司，其中之一便是上海昂际航电。昂际航电成立后，就被期望能够承担起中国民航航电系统国产化起步的重任，也就是解决有无问题。当前，昂际航电先后共投入近 700 人的力量专注于 C919 项目上，同时在中国上海、美国凤凰城、法国图卢兹设立了 3 个研发中心，公司员工来自 12 个不同的国家和地区。

成立初期，昂际航电曾聘用了大量的国外专家，但到了 2018 年之后，绝大多数员工已经是中国本土的工程师，55% 具有硕士以上学历。这意味着中国已经掌握了更多的大型客机航电核心技术。

C919 飞机配置的航电系统

在整体占比上，昂际航电目前承担了 C919 飞机航电系统中大约一半的工作，并且是最核心的"神经中枢"。C919 飞机采用的昂际航电综合模块化航电平台，已经被认为是当今航电系统解决方案中最先进、最尖端的技术体系之一。

C919 大型客机昂际航电系统采用了最新技术，以综合模块化航电平台、航空全双工以太网作为数据交换和处理的中枢，包含了综合显示、飞行管理、通信、无线电导航、综合监视、大气数据测量、惯性导航、机载维护等系统功能。此外，航电系统还与飞机众多系统的电子控制单元有错综复杂的交联关系。

2. 电科航电

早在 C919 项目之初，中电科航空电子有限公司（简称电科航电）与法国泰雷兹公司就成立了合资公司 —— 中电科泰雷兹航空电子有限公司（简称 TCA）。近年来，电科航电客舱与信息系统团队同大飞机事业共成长，积极投入客舱核心控制系统和信息系统的研制工作。而这两个系统是 C919 飞机研发前期为数不多的、国产研发的航电子系统。

客舱核心系统是干支线飞机航电系统的重要组成部分，是整个客舱系统的"大脑"和"中枢神经系统"，控制着照明、温度、应急指示、广播等重要信息。信息系统领域则是航电系统中一个较新的领域，目前国际上只有A380 等飞机才配置有同样系统。C919 大型客机信息系统主要用于飞行的辅助管理，提高航空服务管理水平，减轻机组人员的工作负担，提高运营效率，降低运营成本。

上述子系统的整体技术已达到国际先进水平，并可应用于其他国产民机项目，有力提升了国内民机航电系统的自主配套能力。

机载娱乐系统是民用客机中高价值的航电系统。电科航电与法国泰雷兹公司共同承担了 C919 飞机机载娱乐系统的研发。当前，国际上主流航空公司之间的竞争，除了票价、餐食、服务、中转和常旅客优惠项目以外，旅客乘坐飞机的舒适程度也是一个重要指标，而机载娱乐系统可实现前所未有的乘客互动娱乐场景，通过策划各类机上主题活动，更大程度上体现航空公司的个性与特色文化，并提升对乘客的吸引力，进而提高品牌价值，提升增值服务收益。

经过长期不懈努力，TCA 进一步打造了新一代本土化 iWO-1000 机载娱乐系统。该系统结合了最新技术，集传统机载娱乐系统和无线客舱系统功能于一体，首次实现乘务、乘客和吊挂间的三者互动功能，并预留了卫星通信数据接口和 ATG 接口，具备良好的可拓展性和兼容性，可应用于 C919、A320、B737 等主流窄体机型。

电科航电制造的机载娱乐系统

在这个过程中，相关工程团队已发展成为国内领先的机载娱乐系统研发力量，可面向国内外提供高品质机载娱乐产品，具备与其他先进同类产品一较高下的实力。

三、飞控系统

飞行过程中，由于上升气流、侧风等的影响会导致飞机产生左右、上下的偏移，甚至偏转，这就需要飞机具备控制机身稳定的能力，否则飞机将会失去控制。飞控系统就是用来保证飞机的整体稳定性和操纵性的。

C919 大飞机的飞控系统采用了多种电子传感器采集数据，包括主飞控作动器、主飞控电子实验件和高升力系统，其最大特色是采用了主动馈送技术的飞行员飞行情境意识系统，可避免飞行员在飞行中对环境因素在时间上和空间上的感知错误。

1. 鸿翔的飞控软件

2010 年 7 月，中国商飞选择霍尼韦尔航空航天集团为新型 C919 飞机提供电传飞控系统。霍尼韦尔的电传飞控系统目前已经在世界范围内许多商业飞机上使用，包括中国商飞的 ARJ21 支线飞机、美国的波音 787 飞机以及巴西的 EMB170/190 系列客机。该电传飞控系统可在驾驶舱和各个飞行控制部件面板之间提供电子接口，确保飞行员能够平稳安全地操纵飞机。另外，C919 飞机的霍尼韦尔系统包括一整套带有自动着陆功能的自动飞行系统。

霍尼韦尔拥有 60 年的飞行控制技术开发经验，这为参与 C919 项目打下了坚实的基础。霍尼韦尔本身也非常愿意与中国商飞乃至整个中国航空业进行合作，为中国的 C919 项目提供安全、高效、可靠的飞行控制系统。

电传飞控系统具体包括电子部件、作动系统、MEMS 微机电系统传感器、侧杆和其他驾驶舱控制系统，霍尼韦尔对其加以集成，从而为中国商飞提供全面的飞行控制功能，进而优化飞机性能，减少飞机重量与动力需求。

霍尼韦尔在中国拥有 10 处航空航天业务分部，包括设在厦门、南京和上海的航空航天维护与制造机构。亚太区业务总部设在上海。

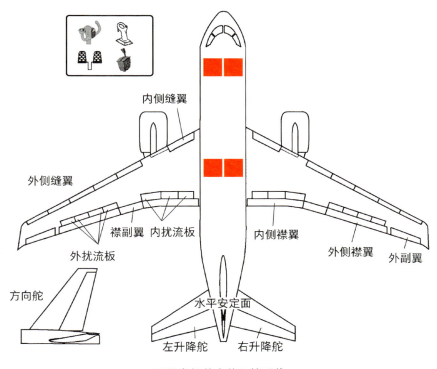

民用客机的电传飞控系统

这里说明一点，中国在推进 C919 飞机研制的过程中，对所有核心系统都进行了自主化布局，几乎在每个领域都成立了合资公司。在 C919 飞控系统研发上，早在 2010 年，中航工业旗下的西安飞行自动控制研究所（简称西安飞控），便与霍尼韦尔签订协议，成立了合资公司来研制。2012 年，西安飞控与美国霍尼韦尔正式成立了鸿翔飞控公司。

按照霍尼韦尔的流程和标准，合资公司先后交付了 1.0、2.0 版等飞控软件。目前，鸿翔飞控已在西安基地成功地研究、开发、组装了 C919 飞机的飞控系统。

2. 鹏翔飞控

除鸿翔飞控公司外，西安飞控也于 2014 年与美国派克宇航共同出资成立了鹏翔飞控作动系统（西安）公司，英文名 Parker FACRI Actuation Systems，简称鹏翔飞控。鹏翔飞控地处西安市高新区，厂房占地面积 1.3 万平方米，公司注册资本 2900 万美元，航空工业自控所和派克宇航集团各出资 1450

万美元，股权比例均为 50%，经营范围包括与飞控作动系统相关的产品采购、制造、安装、测试和销售，以及相关的维护、修理、检修、认证等服务。这家合资公司主要负责组装和测试 C919 飞机的主飞控系统产品，包括平尾配平、副翼、方向舵、扰流板、升降舵作动器，以及控制电子部件。

作为合资公司，鹏翔飞控也是派克宇航在中国的唯一客户支援中心，主要能力覆盖液压、飞控、燃油及惰化四大系统，应用于波音、空客系列飞机、中国商飞生产的 C919 和 ARJ21 飞机，支线 EMB190、MA700 等飞机的零部件检测、维修，是中国首家航空软管标准件制造商及派克软管分部在中国的唯一指定分销商。

多年来，鹏翔飞控先后建立了严格的质量体系和适航标准，积极探索了 C919 飞机进入市场之前的公司运营发展战略，并以母公司在中国市场拓展为契机，构造出能够激发鹏翔飞控自身造血、保持生命活力的市场开发机制，以期成为东方航空、中国国际航空、厦门航空、四川航空、九元航空等航空公司的合格供应商和国内合资公司典范。

目前，鹏翔飞控的生产厂房已经投产多年。这也意味着 C919 飞机的飞控系统国产化已经水到渠成。

四、通信导航系统

顾名思义，通信导航系统承担飞机在起降和航行过程中的地空对话、机内话音及数据通信、无线电导航等功能，可以形象地比喻为飞机的"耳朵""嘴巴"和"眼睛"，其部件主要安装在机背、机腹、机尾等地方的突起物上。

2014 年，电科航电与美国罗克韦尔·柯林斯公司合资组建中电科柯林斯公司，旨在为 C919 飞机开发通信导航解决方案。实际上，罗克韦尔·柯林斯公司已进入中国市场近 30 年，通信导航产品在国内占有率超过 90%。

在 C919 飞机上，合资的中电科柯林斯公司一共设置了超短波通信、短波通信和卫星通信这三种常规通信方式，为了确保系统的安全性和可靠性，还进行了上万次的实验验证。

经过中电科柯林斯公司和美国罗克韦尔·柯林斯公司近 3 年的协作努力，

C919 飞机的通信导航系统已经在首飞时实现交付，并且在成都进行系统集成和本地化批量生产。

值得一提的是，2018 年年底，C919 第三架机首飞时装上了北斗导航系统。北斗系统不仅实现了导航功能，还可实时报送飞机上的各种关键参数，未来全面建成时将发挥更重大作用。

目前，除了通信导航系统，罗克韦尔·柯林斯公司还与中航工业旗下雷华电子技术研究所组建了中航雷华柯林斯公司，为 C919 飞机提供综合监视系统等。

五、起落架系统

起落架被称为飞机的"腿脚"，在飞机起降的过程中，是支撑整架飞机重量的唯一部件。尤其在飞机降落阶段，起落架不仅要承受竖直方向 700 多千牛的落地瞬间冲击力，还受到水平方向的巨大冲力。起落架系统包括主起落架和前起落架、收放系统、前轮转向系统以及定位和警告系统等。

2011 年，利勃海尔中航起公司在长沙成立，负责集成 C919 飞机起落架系统。这家公司由中航飞机起落架公司与德国利勃海尔宇航各持股 50% 组建。

由于起落架对材料强度、韧性等方面的高质量要求，C919 飞机选择了宝武特钢研制的 300M 超高强度钢。另外，中国第二重型机械集团德阳万航模锻有限责任公司承担了起落架关键锻件的国产化研制任务。

C919 主起落架的零部件有 500 多项，其中仅"外筒"从毛坯加工到成品就有 70 多道工序，另外，利勃海尔对产品的要求也非常苛刻。

经过多年艰苦攻关和试验研制，2018 年 9 月，C919 飞机的首件起落架由利勃海尔中航起交付给中国商飞。这次交付具有里程碑意义，标志着 C919 飞机的主起落架 5 个关键锻件中的 4 个实现了国产化。

起落架刹车系统包括刹车副、机轮、刹车控制系统等。目前 C919 飞机刹车系统由合资公司霍尼韦尔博云航空系统（湖南）有限公司提供。国内上市公司北摩高科、博云新材、昊华科技分别参与刹车副、刹车系统和航空轮胎供应。

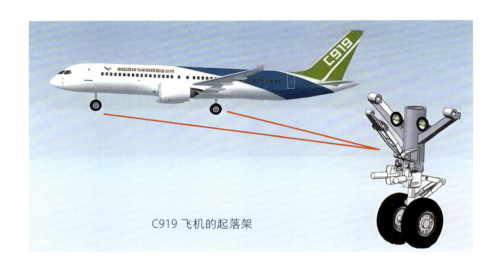

C919 飞机的起落架

六、高升力系统

高升力系统也叫增升装置，是影响飞机安全的关键系统之一。C919 飞机的高升力系统主要有前缘缝翼系统和后缘襟翼系统，它主要是通过控制前缘缝翼和后缘襟翼往下展开到不同的卡位，来改变机翼弯度和面积，以增加或减小飞机起降时的升力及阻力，从而避免过长的滑跑距离。

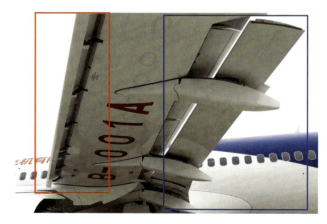

C919 飞机前缘缝翼（红色框）和后缘襟翼（蓝色框）

长期以来，飞机高升力系统基本由美国穆格和德国利勃海尔等欧美企业垄断。2012 年 2 月，美国穆格公司与中国商飞签订 C919 飞机高升力系统合同，成为 C919 飞机高升力系统的提供方和中国商飞的一类供应商。

后来，中航工业庆安公司作为穆格的中方合作伙伴参与了 C919 飞机高升力系统的研制。其中，庆安公司负责提供翼尖刹车、扭力管、轴承支撑的设计、制造、取证支持等工作。

七、燃油系统

燃油是飞机的"血液"，燃油系统主要分布在机翼两侧，包括发动机、辅助动力装置（APU）和机载计算机等。它的功能是保证飞机在任何飞行状态下，均能按发动机所要求的压力和流量，向发动机持续不断地供油，以及平衡飞机机身、冷却机上其他系统等。

C919 飞机的燃油系统主要由储存系统、分配系统、指示系统组成，功能可总结为两方面：① 向发动机和辅助动力装置（APU）供给所需的燃油；② 向飞行机组指示装载燃油的情况。C919 飞机的燃油箱分为中央翼油箱、左翼油箱和右翼油箱。左右翼油箱分别位于左右外翼翼盒，中央翼油箱位于左右翼油箱之间。其中，左右翼油箱又可细分为通气油箱、机翼油箱和集油箱。

C919 飞机各油箱合计最多可装载 19.5 吨燃油。C919 飞机可以采用自动模式通过三个油箱同时加油，也可采用手动模式实现单个油箱的加油，还可采用重力加油模式，通过左右翼油箱的重力加油口进行加油。

在 C919 飞机燃油系统中，燃油系统的燃油消耗顺序依次为中央翼油箱、机翼油箱和集油箱。发动机由本侧机翼的 AC 泵（气压驱动油压泵）和超控泵供油。在飞行员驾驶舱内设置有专门显示燃油使用和分配情况的控制和指示面板，以显示发动机与 APU 的用油和工作状况。

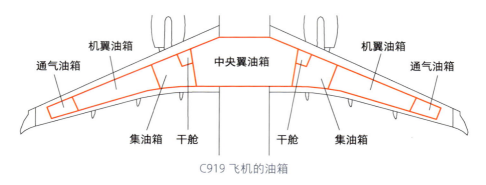

C919 飞机的油箱

在 C919 项目中，有一家中国商飞的一级供应商 —— 中航南京金城公司，这家公司专门为 C919 飞机研制燃油和液压系统设备。2014 年，派克宇航和中航工业旗下南京金城合资组建了 NEIAS Parker Aero Systems & Equipment 公司，即航鹏航空系统装备公司，为 C919 飞机提供燃油、油箱惰化和液压三大系统和相关组件。

燃油系统好理解，主要包括发动机供油、辅助动力装置（APU）供油、加油和泄油、燃油计量和管理等装置。惰化系统则包括空调和电子控制器，以及富氮空气生成与分配装置，目的在于降低飞机油箱内燃油蒸气的可燃性，提升飞机安全性。

2016 年 10 月，南京航鹏航空系统装备公司宣布投产。目前，C919 飞机的上述三个系统的大部分组件都由南京航鹏航空系统装备公司生产、组装和集成测试。

八、液压系统

液压系统被称为飞机的"动力神经"，为整架飞机提供、调节并分配液压动力，用于驱动各类主飞控设备（如升降舵、副翼和方向舵）、次飞控设备（如襟翼、缝翼和扰流板）、起落架、反推作动器、刹车装置、前轮转向装置和货舱门。比如说飞机要收起和放下起落架，控制机翼的运动转向等，都需要液压系统提供力量来完成。该系统还带有一个用于监控 C919 飞机综合模块化航空电子设备控制器的软件包，提供必要的功能来驱动和控制飞机的飞控系统、起落架、转向系统以及反推装置。

C919 飞机的液压系统（红色框）

派克宇航早前已经为 ARJ21 机型提供燃油、液压和飞控作动系统，并且一直是 ARJ21 飞机的金牌供应商之一。目前，南京金城正通过合资企业联合研发来学习这些技术。此外，上市公司中航机电的子公司中航工业庆安公司、陕西航空电气公司也有参与。

九、环控系统

飞机环控系统通过控制机舱内空气的温度、湿度、流速、压力等参数，向机组人员和乘客提供足够舒适的生存环境和工作环境，具体包括引气系统、空调系统、空气分配系统、客舱压力控制系统、机翼防冰系统和航电通风系统等。C919 飞机综合空气管理系统由利勃海尔公司开发。国内上市公司江航装备参与了 C919 飞机氧气系统、油箱惰性化防护系统国产化开发，被列入中国商飞供应商名录。

与绝大多数核心系统通过成立合资公司研发不同，在 C919 飞机的环控项目中，南京机电以二级供应商的身份与德国利勃海尔公司进行合作。自2010 年起，该 C919 环控系统设计团队主要承担文氏管、制冷包，以及配平空气、温度控制和调节活门等产品的研制。根据初步达成的分工，南京机电主要承担制冷包管道的来图加工、总装集成、鉴定试验等工作。3 年后，南京机电又先后接手文氏管、调节活门等产品的研制工作。

C919 飞机的客舱

在产品被应用于 C919 飞机首飞后，2017 年利勃海尔授予南京机电"金牌供应商"称号。当然，这个荣誉是对南京机电研发人员付出巨大努力并取得优质成果的认可。

十、电气系统

飞机电源系统由主电源、应急电源和二次电源组成，有时还包括辅助电源。主电源是指由飞机发动机直接或间接传动的发电系统，通常一台发动机传动一台或两台发电机。当发动机不工作时，主电源也不工作，这时靠辅助电源供电。飞机 APU 是常用的辅助电源。飞行中主电源发生故障时，APU 即成为应急电源。

C919 飞机上的电气负载按用途可以分为以下几类：

第一类是电动机构。用于飞机的操纵机构（如襟翼、舵面、力臂调节、起落架收放装置等）以及驱动油泵、阀门等的电动机，其功率约占总负载的 30%，包括直流电动机构和交流异步电动机构。

第二类是加热和防冰负载。加热和防冰负载占飞机总负载的 40% 左右。这类负载对电能类型和质量无特殊要求，可以采用直流电、恒频交流电或变频交流电供电。

第三类是电子设备。电子设备必须采用恒频交流电供电，因为电子设备的精度会影响飞行安全，所以对电源质量要求比较高。

　　第四类是照明设备。直流电或变频交流电均可供电，客舱里的一切灯光照明设备都由此提供保障，所以要求电压较为稳定。

　　C919 飞机在不同的季节耗电量有所不同。用电高峰为冬季夜间飞行，这时的照明、加温防冰及生活用电设备用电量最大。C919 飞机配电系统采用固态功率控制器（SSPC），显著提高了组件的可靠性。

　　为确保飞机电源系统的安全和正常使用，在 C919 飞机试飞前，科研人员进行了大量的"铜鸟"电源系统试验。（注：C919"铜鸟"系统集成试验中还囊括了"铁鸟"和"电鸟"试验，分别考察飞控系统和航电系统，最大限度地保障了 C919 飞机的首飞及后续飞行安全。）

第八章
C919 研制中的
关键技术

大飞机是我国的高科技战略性产业，也是世界航空大国竞相争夺的技术制高点。自主研制大飞机，形成具有国际竞争力的航空产业链，对满足我国迅速扩展的航空市场需求，改变航空运输装备长期依赖国外的局面，提高国防实力，拉动经济增长，提升国家核心竞争力，增强民族自信心，都具有非常重大的意义。目前，C919 大飞机的研制阶段基本结束，但在未来的研制过程中仍将面临诸多困难和挑战，甚至还会面对来自欧美垄断集团的技术和产品封锁。我们相信，坚持技术创新和体制创新，努力完成大飞机的研发和生产，一定能构建起可持续发展、有市场竞争力的中国航空产业。

一、设计技术

C919 大型客机的研制是一项庞大而复杂的系统工程，涉及气动、结构强度、计算仿真、材料、电子、控制、液压、机械、统筹学、发动机以及制造技术等一系列工程领域的技术难题。C919 大飞机项目从立项之初到首飞，再从适航认证到交付使用，各参与部门、单位的科研团队们在无数次尝试中总结经验，攻克技术难关，完成了一次次的突破，最终才化茧成蝶。

1. 先进航空发动机

航空发动机在所有运输交通工具动力装置中技术含量最高、制造难度最大，被誉为"现代工业皇冠上的明珠"。由于早期对航空发动机研制的长期性、艰巨性和大投入认识不足，我国长期维持在参照国外航空发动机研制生产的状态，航空发动机研制投资强度远远低于飞机研制实际需要。直至今日，发动机仍是我国航空业的一大短板，被称作"中国航空领域最大的心病"。早在 40 多年前，我国国产民用大型飞机运 -10 使用的就是国产的大涵道比涡扇 -8 发动机，该发动机参照美国普惠公司的 JT3D 发动机研制。但涡扇 -8 的寿命指标、性能参数、经济性、安全性、可靠性和环保水平都和美国的 JT3D 发动机存在巨大差距，难以达到欧美适航条例的标准要求。

鉴于当前中美之间紧张的经贸与政治关系，作为 C919 大飞机的国产配套动力装置，大涵道比涡扇发动机 CJ-1000 的研制对于大飞机的长远发展极其重要，属于大飞机关键技术中的核心。CJ-1000 发动机由中国商发自主研制，该发动机为双转子大涵道比直驱涡扇发动机，涵道比约为 9，推力为 113 ~ 127 千牛，和 LEAP-1C 发动机的水平相当。2022 年 10 月，中国商发组织召开了

CJ-1000 发动机模型

"加速推进 CJ-1000A 商用航空发动机适航取证工作动员会"，说明 CJ-1000 航空发动机已取得重大进展。可以说，大涵道比 CJ-1000 发动机自主研发取得成功，我们的大飞机项目才算真正圆满成功。

2. 总体设计

现代大型客机都在追求安全性、经济性、舒适性和环保性，即民航业中所谓的"四性"。第一次世界大战结束后，客机开始出现。当时的客机更关注安全性和经济性，舒适性常被忽略，尚没有环保性的概念。随着航空科学技术的进步以及可持续发展思想的出现，舒适性和环保性指标变得越来越重要，并逐渐成为当今民机制造商重点攻克的对象。C919 客机自主设计中曾提出过"三减"的概念，即减重、减阻和减排。当初制定的设计目标是比目前服役的同级别飞机重量减少 14%，阻力减少 5%，噪声降低 10 分贝，污染排放物减少一半，油耗降低 12% ~ 15%。

飞机设计中，总体设计技术扮演着"提纲挈领"的重要作用，能为后续的性能计算、结构载荷计算和飞行控制设计提供重要依据，在保证飞行速度、航程、载重量、安全性、经济性与舒适性等方面，也起着不可替代的作用。C919 客机气动设计从机头、机身、机翼、机尾到发动机吊舱，甚至起落架都费尽了心思，尽可能减小空气阻力，以降低油耗。机头设计上，C919 飞机采

用了四面式风挡，该项技术采用了国际最先进的工艺，使机头更具流线型，能显著减小机头阻力，同时驾驶舱的视野也因此变得更加开阔。飞机采用了新一代超临界机翼等先进气动力设计，取得了优于现役同类飞机的巡航气动效率，至少在 10 余年内市场竞争中不会落伍。在动力装置上，选定了国际知名品牌，即 CFM 公司的先进航空发动机 LEAP-1C，效率更高、排放更低。

飞机机载设备涉及飞行控制、航空电子和航空机电三大系统，对改善飞机性能有很大影响，也是现代飞机高科技含量和先进性的重要体现。和空客的飞机一样，C919 客机采用了先进的电传操纵技术和主动控制技术，可以大大提高飞机综合性能，改善飞机的操纵品质和驾驶舒适性。综合航电技术的应用显著减轻了飞行员的负担，提高了导航性能，人机界面变得更为友好。

C919 机舱设计中，舒适性尤为重要，"先进客舱综合设计技术"大大改善了客舱环境，提升了客舱的舒适性。机舱座位布局将采用单通道，两边各 3 座；靠近舷窗的中间座位空间被加宽，以缓解中间座位上乘客的拥挤感。C919 客机采用先进的环境控制、照明设计，给旅客提供更大的观察窗、更好的客舱空间以及更佳的乘机感受。同时，机身横剖面周长更短，剖面面积更小，机身结构重量更轻。

C919 飞机的四面式风挡

3. 先进材料的应用

"一代材料，一代飞机"是这 100 多年世界航空发展史的真实写照，也是对飞机与航空材料相互依存、相互促进紧密关系的真实写照。材料是实现先进飞机高性能、轻量化、高可靠、长寿命、低成本的重要技术保障。目前，世界上大型客机机体材料主要包括铝合金、钛合金和树脂基复合材料等，而发展重点和趋势集中在低成本、高性能的树脂基纤维增强复合材料。尽管复合材料较铝合金昂贵，但可以使飞机减重 10% ~ 30%，所带来的经济效益远远抵消了其成本高的负面影响，性价比更高。

C919 飞机在材料选用上，采用了大量先进的复合材料和先进的第三代铝锂合金，其中复合材料使用量达到 12%，使得飞机在保证设计强度的前提下大大减轻了结构重量。世界先进的第三代铝锂合金在国内民机上使用尚属首次，铝锂合金的使用比例甚至超过了空客 A380。另外，C919 飞机使用了占全机结构重量 20% ~ 30% 的国产铝合金、钛合金以及钢等材料，充分体现了 C919 大型客机带动国内基础工业的能力与未来趋势。

4. 制造与装配

先进的设计需要强大的制造工业和坚实的技术水平作为支撑。C919 飞机采用了大量先进的设计理念，使用了更多的先进材料，这样的创新与突破对于我国航空制造业是一种前所未有的挑战，也是一次难得的机遇。以中航工业洪都集团为例，作为 C919 项目前机身、中后机身的唯一供应商，它通过多年全体技术人员的努力攻坚，克服了全新机身材料机械加工经验缺乏的困难，铝锂合金型材的报废率由最初的 20.8% 降低到如今的 3.81%，大型双曲度蒙皮零件拉伸成形的关键技术问题得到了彻底解决，为后续批量化生产制造提供了工艺技术保障。实现了飞机蒙皮的精确制造，使我国航空制造技术迈入了飞机蒙皮精确一体化制造领域。

增材制造技术（也称"3D 打印技术"）由于能够快速制造复杂、高质量产品，也加入到国产大飞机制造的技术行列中。北京航空航天大学使用激光增材制造技术，成功生产出了目前国内飞机尺寸最大、结构最为复杂的钛合金主承力关键构件，相关构件的综合力学性能已经达到或超过锻件指标。

西北工业大学凝固技术国家重点实验室为 C919 飞机制造出了长达 3 米的中央翼缘条。这不光是我国在大飞机制造上的技术突破，也体现了我国在增材制造技术领域的世界领先地位。

从 MD-82/MD-90 到 ARJ21，再到 C919，上海的大飞机装配技术显著提高。C919 大型客机装配的最大优势在于，在采用并行工程、数字化制造和管理的同时，引进具有世界先进水平的自动化装配生产线，集自动化钻铆、数字化测量、自动化对接、自动化转载、自动化系统测试等数字化、自动化设备于一体，实现了我国大飞机装配技术的重大突破。

二、制造技术

C919 大飞机立项以来，在国内现有飞机制造技术基础上，针对新材料、新工艺带来的挑战，中国商飞先后设立了 24 大项关键技术，同时带动国内 9 家机体供应商开展了 47 项关键技术攻关工作。这些关键技术覆盖了机翼厚壁板复杂结构金属喷丸成形技术、环保表面处理技术、铝锂合金加工技术、主承力结构件的复合材料制造技术、复合材料无损检测及修补技术、数字化工艺技术、自动化装配技术等诸多技术领域，从整体上带动了我国民机制造业技术的全面提升。

1. 铝锂合金构件制造

铝锂合金是 C919 飞机选材中的显著特色之一，在机身结构中使用铝锂合金在我国飞机制造历史中尚属首次。铝锂合金机身结构制造工艺涉及钣金、热处理、机加工、连接及表面防护技术，全面系统地掌握铝锂合金制造工艺，是 C919 机身成功研制的关键要素。

C919 飞机上常用的铝锂合金有 3 种，材料牌号分别为 2196、2198 和 2099。其中：C919 飞机前机身蒙皮、机头蒙皮、中机身蒙皮、中后机身蒙皮是用厚度大于 6 毫米的 2198-T8 铝锂合金厚板与 Al-Li-S4-T8 铝锂合金厚板制造的；前机身长桁、机头长桁、中机身长桁与地板梁、支柱、座椅导轨是用 2196-T8511/2099-T83 铝锂合金挤压材等制造的；中后机身的长桁用的是

2196-T8511/2099-T83 铝锂合金挤压材，它的地板梁与支柱用的材料为 2099-T83、2196-T8511 铝锂合金挤压材。

在 C919 飞机研制过程中，我国建立了新型铝锂合金制造工艺体系，突破了铝锂合金制造关键技术，解决了新型铝锂合金表面处理、化学铣切与传统铝合金的溶液兼容问题，实现了新型铝锂合金机身蒙皮结构件的高效、精准成形，完成了此类零件的工艺经验积累和技术数据采集，形成了铝锂合金钣金成形、表面处理、化学铣切等系列工艺规范。

C919 飞机机身结构大量采用铝锂合金

第一是铝锂合金构件的表面热处理工艺。铝锂合金的最大优势为密度低、比模量高，要发挥这一优势，不仅要仰仗原材料的冶金成分和轧制工艺，后期预拉伸和人工时效工艺也极其重要。以 C919 飞机地板梁、支柱、座椅导轨等铝锂合金承力构件为例，需要系统开展大量的耐久性增强的时效工艺与工艺验证试验，才能掌握新型铝锂合金构件表面热处理过程中元素扩散与渗透的规律，有效控制沉淀强化相的析出，进而获得满足强度和损伤要求的最佳热处理工艺。

第二是铝锂合金型材热压下陷制造技术。由于铝锂合金属于低塑性材料，强度大，但低温下成形极易产生裂纹，必须采用热工艺成型法。为攻克该技术难题，相关企业购置了新的设备。在新材料、新设备双重不定因素影响下，前机身长桁类零件成形时报废率超过 60%，曾经出现 48 件零件报废了 46 件的无奈局面。压力面前企业研究团队没有后退，一次次进行试验，对材料和工艺方法逐步摸索，通过改变模具结构形式，优化零件的定位方案，改善零件的加热环境等各种措施，最终攻克了此项技术。相比前机身的高报废率，在 C919 飞机中后机身长桁类零件成形时，报废率控制在了 3% 以下。从 60% 降至 3%，这不仅仅是数据的变化，更是我国科技人员掌握铝锂合金材料核心加工技术的真实见证。

第三是数控蒙皮铣切技术。根据设计要求，C919 机身蒙皮结构加工过程中采用数控机械铣切技术代替了传统的化铣工艺，这种工艺被称作"蒙皮镜像铣"，是 C919 机身蒙皮加工工艺上的一大特色。此前，我国第三代铝锂合金切削加工工艺尚未有经验可循，且蒙皮多为薄壁结构，刚性较差，加工容易出现缺陷，C919 项目对此开展技术攻关，解决了铝锂合金机械加工工艺，确定了满足切削加工要求的工艺参数。此次 C919 机身蒙皮的数控铣床长达 18 米，是亚洲第一台、全球第二台"蒙皮镜像铣"设备，是为了国产大飞机研制而专门定制的。为解决安装调试、铝锂合金加工性能改善等问题，相关企业成立了特殊的团队，他们全身心投入新设备的调试中，不停发现问题、解决问题，摸透机床秉性，编制操作规范、工艺编程规范，并推广应用，最终顺利完成了国产大型客机前机身和中后机身 16 项蒙皮零件的镜像铣切加工。

2. 复合材料结构制造

C919 飞机在平尾、垂尾、后机身、后压力球面框等结构上大量使用了复合材料。此前，复合材料制造技术在国内虽已有一定的应用基础，但在民用飞机主承力构件中使用尚属首次，并未形成成熟的、满足适航验证要求的制造工艺。针对这一短板，C919 项目基于复合材料构件制造、检测、装配这一主线过程，梳理了若干制造的关键技术，攻克了一道道难关，形成了我国民机复合材料承力构件自主研制的能力。

首先是复合材料整体共固化制造技术。飞机上的部分大型整体结构件可用复合材料制造。采用共固化技术，可以减少部件上紧固件的数量，甚至消除紧固件，这是民机复合材料构件制造的发展趋势。譬如，在 C919 飞机水平尾翼壁板制造过程中，采用改进的子母真空袋封装技术和模具设计制造技术，实现了平尾复合材料整体壁板的共固化成型。

其次是大尺寸变厚度加筋壁板制造技术。C919 飞机的复合材料用量约占机体总重量的 12%，其中大部分为加筋壁板结构。民用飞机壁板部件具有尺寸大、厚度变化大的特点，需

C919 飞机在尾翼、后机身等部位大量使用了复合材料

要与长桁共胶接，制造过程中，变形及孔隙率问题较为严重。C919 飞机平尾、垂尾、后机身均为加筋壁板共固化碳纤维增强复合材料结构，国内之前还没有制造过如此大尺寸的共固化结构，制造中有可能产生共固化定位不准、脱模困难等问题。通过 C919 客机复合材料结构件制造技术研究，中航工业沈飞公司针对复合材料固化变形技术，开展了复合材料固化变形及残余应力控制研究，对整体化成型工艺过程进行了数值模拟，预测了工艺实施过程中，复合材料结构内温度场及固化度场的分布情况，成功预测了构件的固化变形情况。中航工业制造所针对自动铺带工艺，积极开展了自动铺带的工艺技术研究，突破了复杂曲面铺贴工艺及其参数对产品性能影响的控制技术，成功研制出可制造大型复合材料构件的自动铺带机，为自动铺带技术在我国民用飞机大尺寸结构件上的应用奠定了基础。

第三是复合材料孔隙率检测与评估技术。孔隙率是复合材料构件制备中无法绕开的问题，不同飞机部件对孔隙率的要求会有所不同，主承力件一般对孔隙率的控制非常严苛，不能高于 1.2%，次承力件一般要求孔隙率小于 1.7%。常见的分层、夹杂、气孔等复合材料缺陷的检测与评估手段相对成熟，但孔隙率等微观缺陷的检测与评估至今仍是复合材料无损检测公认的技术难题。为获得复合材料孔隙率定量检测标准，C919 飞机采用碳纤维复合材料制造不同厚度、不同孔隙率阶梯的标准试块，通过采集超声波衰减信号，建立

了评估曲线。该方法目前已经获得了中国民航管理局的官方认可。

3. 自动化装配技术

飞机装配是飞机制造的重要环节，保证零件与零件、零件与工装、工装与工装之间的协调，进而保证装配准确度的飞机制造协调方式是飞机制造的重要特点。在飞机制造过程中，装配环节花费的工时最长。据统计，装配工作量占整个飞机制造总劳动量的 50% 左右，装配成本占全机总成本的 40% 以上，装配工作周期也占全机生产周期的 50% ~ 75%。通过一系列的专用工艺装备，对有协调要求的形状和尺寸按模拟量进行传递，逐步传递到零件和部件上。飞机的装配大致包括部装和总装，即先根据结构部位或功能部装成子系统，然后各子系统完成总装。

在完成已有飞机订单的过程中，C919 飞机的装配技术将着眼于未来飞机的批量生产，采用飞机自动化装配的生产线。为此，C919 飞机相关研制与生产单位，先后开展了虚拟设计与仿真、自动化装配以及自动化定位技术等攻关工作，解决了一批 C919 飞机生产中所涉及的装配质量、装配效率等问题。

数字化工艺装配与仿真方面，目前我国已经建立了符合 C919 大型客机制造的数字化工艺设计方法，实现了基于产品数据共享的在线数字化工艺设计平台，开发了基于数字化工艺设计的仿真软件及分析装配偏差仿真与分配容差的工具，引入了生产线设计评估分析系统，建立了装配仿真、生产线仿真评估体系，构建了面向三维数字化工艺设计和应用的一体化集成研制环境。

自动化装配方面，和以往我国国产运输机相比，C919 飞机机体结构更为复杂，结构安全性及寿命指标要求更高，发动机、机身、机翼、尾翼、起落架等部件的连接装配更为精密。面对前所未有的高精度装配质量要求和高效的自动化生产，C919 项目已经全面开展了与自动化装配相关的技

飞机自动钻铆技术在机身装配中取得应用

术研究，全面采用柔性化、自动化精密钻铆装配技术，验证并实施了铝锂合金自动钻铆工艺、复合材料装配工艺、干涉铆接工艺等技术，扩大了连接工艺规范的适用性，显著提升了飞机部件的疲劳寿命和日历寿命。

大部件自动定位对接方面，传统的装配方式做法是依靠手工或专用型架夹具来进行。现代飞机大部件对接装配正向数字化自动对接装配方式转变，装配精度和效率均显著提升。目前，C919 全机的对接生产线设计已经采用了自动定位对接系统，突破了自动对接工艺流程规划、柔性定位机构设计与控制、大空间多运动目标智能测量等关键技术。

数字化装配生产线方面，基于批量生产的需求，联合国外生产线企业，C919 项目建设了中机身、中央翼、平尾、全机对接以及系统总装移动生产线等 5 条生产线。这些数字化装配生产线均为目前我国航空工业中最先进的生产线，能够满足 C919 飞机高质量、高效率、高可靠性和低成本的生产要求。这些生产线以实现 C919 飞机部装自动化、数字化、柔性化为目标，充分考虑柔性、兼容性和可扩展性，可适应 C919 飞机不同部件的装配、对接需求。生产线还配备了数字化装配系统、C919 飞机部件数字化调姿对接系统，完全消除手动调姿，大幅度增加部件的装配精度，缩短调姿周期，为实现批产增效提速。此外，C919 飞机研制时还引入了机身壁板自动钻铆、虚拟五轴自动制孔、壁板类自动装配、机身/翼身自动对接等一大批先进的设备，实现了部件装配/对接自动化测量、定位及数字化制造协调和检测等综合技术的应用集成。

三、试验技术

1. 繁多的试验

C919 飞机自 2017 年首飞起，直到 2022 年年底，整个适航认证周期长达 5 年多，其间开展了大量的试验及试飞科目，最终达到了民用飞机的适航标准，得到了民航管理部门颁发的适航证。也就是说，一架新型客机要上天，必须经历各种各样严苛试验的考验，例如：飞机全机静力试验、全机疲劳试验、系统功能试验、航电试验、电源系统试验、电气系统通电试验、起落架收放试验、对飞机结构气密性检查的气密淋雨试验、客舱气密性与增压极限载荷验证试验、APU 开车试验、发动机点火试验、滑行试验、发动机反推试验等。除了上述试验外，在 C919 飞机研制和适航审定过程中还要开展以下试验项目：

（1）失速试飞。失速测试是一项重要的测试，意义极其重大。失速试飞确定的失速速度是飞机的基准速度，既决定飞机安全飞行的速度范围，也决定飞机的使用性能和飞行品质，是飞机设计中需要确定的最重要的基准数据之一。

（2）自然结冰试飞。自然结冰试飞，就是要检测飞机的机翼、风挡、发动机短舱等部位的防、除冰功能，是民用飞机型号合格审定试飞中的试飞风险大的十分重要的验证科目。

（3）擦尾试验。又称最小起飞速度测试，要求飞行员在飞机不同配置条件下确定飞机的最小起飞速度。因为飞机从跑道上起飞的速度基本上都会低于预期，机尾很有可能会与地面擦碰因而发生事故，所以该操作对飞行员而言存在一定难度。

（4）鸟撞试验。飞鸟与飞机的撞击后果有直接效应和间接效应两类。直接效应方面，现代飞机一般都是薄蒙皮结构，大部分的机身机翼蒙皮厚度都不会超过 2 毫米，虽然整体承载能力很强，但鸟撞属于局部冲击载荷。据估算，当一只质量为 1 千克的飞鸟以 500 千米 / 时的速度撞击结构时，冲击载荷峰值会达到 200 千牛，与飞鸟直接相撞的结构往往会发生局部大变形甚至破坏，严重时会导致飞机失去完成任务的能力。间接效应方面，当局部结构发生损伤时，可能导致结构相关部位安装的设备或系统失效，从而威胁飞行安全。特别是当发动机吸入群鸟或与大质量飞鸟发生碰撞后，可能会导致发动机叶片甩出，甩出后的高能碎片可能击穿发动机机匣，甚至击穿机匣后继续损伤机体，从而导致严重事故。

（5）雷击测试。全世界范围内，实际上每天都有商用飞机会被雷电击中。不过大部分飞机机身使用的是可导电的铝材料，飞机进入风暴云中，收集大量的静电后会将其释放，但是由于严格的航空规定，所有的飞机都必须具备电屏蔽的功能以保证飞机内部免受雷击影响。

（6）极端天气测试。极端天气测试泛指飞机必须接受的高温、低温以及风、雨、雪条件下的测试，该测试的目的是确保飞机的发动机、材料和控制系统能在极端天气条件下正常运行。此外，飞机还将在高海拔和低海拔地区展开飞行。

（7）全机应急撤离演示试验。试验中，C919 飞机采用最小过道宽度、最小出口通路，仅一半应急出口可用、仅使用应急照明，飞机外部环境亮度仅相当于 0.76 厘米的烛光亮度。在严苛的客舱条件和外部环境条件下，6 名机组成员以及 192 名志愿者，全部通过滑梯从飞机安全撤离至地面，以验证飞机是否完全满足适航规章对于应急撤离能力的要求。

（8）侧风试飞。抗侧风能力是飞机一项非常重要的性能。强烈的侧风会严重影响飞机的起飞和降落，甚至使得起降中的飞机偏离跑道并发生事故。C919 飞机能够在多大的侧风气象条件下安全起飞和降落，必须通过飞机试验试飞来验证。

（9）溅水试飞。溅水测试的目的是测试雨天飞机在湿滑跑道上的性能，以及验证机身上的雨水和主起落架溅出的雨滴会不会进入发动机，并造成发动机熄火。

飞机鸟撞

（10）最大刹车能量审定试飞。试飞中要求以不小于最大起飞重量加速到最大刹车能量后中断起飞，测试飞机的滑跑减速性能。该试验可能导致飞机轮胎起火、爆胎，甚至冲出跑道，属于高风险试验科目。

2. 整机静力试验

一架飞机翱翔天空之前，必须通过高强度的考验，才能获得"上天"的许可证。飞机的静力试验旨在考察飞机结构在静载荷作用下的强度、刚度及应力分布情况，是验证飞机结构强度的重要手段。而全机静力试验，则是其中最重要的考验之一。全机静力试验，是通过一套复杂的加载装置和一套完整的系统，模拟飞机在空中受到的空气动力、发动机推力等一系列复杂的载荷，并将载荷真实地施加在飞机上，以测得真实的飞机结构在整个飞行过程中是否满足强度要求。

为准确模拟飞机在空中的极限情况，C919 飞机的机翼、机身、发动机等处共有 96 个加载点。极限载荷的静力试验开始后，C919 飞机的机翼两侧被加载点拉扯，机翼两侧高高翘起。此番"拉扯"是为模拟飞机空中"过山车"的极限情形。在"拉扯"过程中，C919 飞机薄薄的机翼将承受 3.75 倍的飞机重量，飞机最外端的翼尖翘曲程度更是达到 3 米。

经过全机静力试验后，这架 C919 飞机将不会再飞上天空。而另一架 C919 飞机也将经历疲劳试验，进行外场飞行两倍次数以上的地面疲劳试验测试，以此确保飞行安全。有了两位"孪生兄弟"的默默成就，投入使用的 C919 飞机才能确保安全舒适。

飞机静力试验分首飞前和首飞后两个阶段。

新研制飞机的首次飞行，常充满着不可预知的情况。为确保首飞万无一失，大型客机必须完成增压舱增压、前起连接、主起连接、全机情况、垂尾和方向舵等一系列静力试验。一般情况下，飞机首次飞行不会飞出大机动和大过载，也不会挑战飞机的飞行极限，通常机体的最大载荷不超过使用载荷的 67%。通过全机静力试验考验的现代客机，首飞成功才有保障。

首飞成功后，一个个静力试验项目接踵而至！先易后难，先小后大。一架客机的静力试验项目超过 20 项，持续时间较长，被称为飞机试验中的"马拉松"。其中，2.5g 全机稳定俯仰静力试验是难度最大、风险最高的项目之一。它模拟飞机遇上了突风、紊流的袭击，飞行员情急之下操作过猛，致使飞机承受大于 2.5 倍重力的极限载荷。试验除显现这惊险的情景外，还需持续 3 秒钟时间。一旦操作不当，极易失败，从而前功尽弃。

C919 飞机全机静力试验

2018 年 7 月，中国商飞 C919 大型客机全机 2.5g 机动平衡工况极限载荷静力试验在航空工业强度所上海分部取得圆满成功。随着极限载荷（150%）的加载并保载 3 秒，C919 大型客机 10001 架静力试验机翼尖变形接近 3 米，变形和应变符合分析预期，机体结构满足承载要求，为 C919 大型客机后续试飞取证工作奠定了坚实基础。

3. 全机疲劳试验

C919 飞机全机疲劳试验是结构强度专业继全机静力试验后另一项全机结构试验，是验证 C919 飞机对结构的损伤容限和疲劳评定相关规章条款符合性的最重要的试验。此试验主要考核飞机金属结构的疲劳和损伤容限性能，证明飞机在使用寿命内不会发生广布疲劳损伤。该试验也将验证飞机结构的疲劳和损伤容限分析方法，为将来飞机的延寿和改型提供重要的全尺寸试验依据。

为做好此项重要试验，C919 飞机结构强度科研团队精心制订了试验大纲，从试验件构型的代表性以及试验剖面、试验载荷谱和试验实施系统的合理性等方面做了全面规划。由于 C919 全机疲劳试验为持续 3 倍疲劳寿命的试验,试验被分为开始阶段、持续阶段和完成阶段,试验周期持续了数年时间。2021年4月,C919飞机全机疲劳试验A谱(服役中最严重载荷情况的载荷谱)试验终于完成,标志着C919飞机适航取证工作迈进了一大步。经过科研团队的刻苦攻坚,在此后的一年多时间里,先后经历了全机疲劳试验的持续阶段和完成阶段,获得了大量宝贵的试验数据,为C919飞机的适航审定提供了重要的认定依据,为飞机的顺利交付做出了巨大贡献。

4. "铁鸟" 试验

"铁鸟"的全称是"飞控液压系统综合试验台架",是飞机系统综合、优化设计、适航取证和交付运营、持续适航必不可少的关键试验设施。

C919大型"铁鸟"试验台的飞控、液压、起落架系统的机械安装接口、部附件安装位置、液压管路布置走向及安装方式与真实飞机一致,承担着飞机系统研发和验证、多系统综合验证,以及飞控系统、液压系统和起落架系统的适航验证等试验任务,为飞机系统集成、试飞安全、试飞故障排查、后续型号改进等提供重要保障。通俗一点来说,如果把C919飞机比作一个人,那么飞控系统就相当于人的神经系统,液压系统就相当于肌肉和血管,起落架系统就是两条腿。

作为我国第一架用于大型客机的"铁鸟"综合试验台,C919"铁鸟"试验台的意义重大。我国曾先后拥有过3架民机"铁鸟"试验台。第1架"铁鸟"建于20世纪70年代,其飞控系统是机械式的,承担了中国首次自行研发制造的大型喷气式客机运-10的验证工作;第2架是2000年ARJ21新支线飞机的"铁鸟"试验台,驾驶员的操作通过电信号传达,其测试通道有200多个;第3架就是C919"铁鸟"试验台,测试通道增加到500多

C919飞机 "铁鸟" 试验台架

个，它和目前的空客 A320、波音 777 一样，都属于电传操作系统（Fly-By-Wire，FBW），也是我国第一架用于大型客机的"铁鸟"电传综合试验台。

在设计思路上，C919"铁鸟"试验台沿袭了 ARJ21 新支线飞机"铁鸟"试验台的成功做法，安装了驾驶舱视景系统，这使得在"铁鸟"上进行飞行员在线试验成为可能。C919"铁鸟"能够模拟飞机遭遇突发气象条件或飞控系统发生故障的情况下，飞行员做出的反应。同时，飞行员也能够通过视景系统直观地感受到飞机的响应，以此测试飞控系统的操纵性和稳定性，为完善飞控系统性能提出评估和建议。

C919 大型客机"铁鸟"从设计之初就在和时间赛跑。国际上，一个新型号的"铁鸟"试验台一般在飞机首飞的前一年交付使用，如果等到飞机设计好了才开始"铁鸟"的设计，那就相当于慢了一拍。因此，"铁鸟"试验台的研制是与飞机研制高度并行的工程。

"铁鸟"研制之难也正在于"并行"二字。飞机结构发图还没完成，如何设计"铁鸟"骨架？飞机系统还没交付制造商，如何在"铁鸟"上安装系统？这些问题都考验着设计团队的智慧。

C919 飞机的"铁鸟"骨架必须等飞机结构发图完成后才能定型，而"铁鸟"骨架的设计，以及随后的制造、安装、调试大约需要一年时间。如果等到结构发图全部结束才开始"铁鸟"台架设计和生产，必然会影响到研制进程，于是 C919 飞机的系统设计师们想出了"模块化"的研制方式，就是将整个"铁鸟""分割"成若干块，飞机机体结构设计完成一块，"铁鸟"骨架就设计生产一块，最后把所有模块像搭积木一样拼到一起。

经过研究团队的刻苦努力，2013 年 12 月月底，国产大型客机 C919"铁鸟"试验台终于在中国商飞上海飞机设计研究院投入使用，C919 飞机的系统验证工作也随之正式启动。通过铁鸟试验，不少 C919 飞机系统设计、制造中存在的问题相继得到了暴露，为项目飞机研制赢得了宝贵的时间，降低了各种风险。可以说，"铁鸟"试验台只有骨架，永远也不能飞上天空，但却完成了自己的终极使命："把所有问题留在地面"。

5."电鸟"与"铜鸟"试验

C919飞机的航电系统以综合模块化航电平台、航空全双工以太网作为数据交换和处理的中枢,包含了综合显示、飞行管理、通信、无线电导航、综合监视、大气数据测量、惯性导航、飞行记录和机载维护等系统功能。此外,航电系统还与飞机众多系统的电子控制单元有着错综复杂的交联关系。

航电系统综合试验台也被称作"电鸟",是C919飞机航电系统与飞机其他系统集成验证的重要平台,承担着航电系统集成与验证等研发试验,以及航电与电源、飞控、动力装置等系统的综合交联试验任务,还承担飞机首飞前需要完成的工作。通过开展航电系统综合试验,不仅可以验证航电与其他35个系统数据交换的功能,还可以验证各个系统的正确性、完整性及安全性,同时也可为C919飞机后续试飞、交付运营、持续适航提供有力的数据与信息支持。

从C919项目立项之初,中国商飞的团队就着手策划研制航电系统集成试验平台,即"电鸟"。秉承自主创新与引进消化吸收再创新两条腿走路的建设思路,团队成员集中集体智慧、调动内外资源、成立攻关团队、突破技术壁垒,对一整套系统测试场景仿真、数据集中采集监控、构型与配电自动管理/切换和基于试验程序脚本与模型的自动化测试技术等关键技术进行攻关,并对各项关键技术完成再集成和创新,完整构建了试验平台技术规范体系,自主集成、建设了全新的大型客机重要航空电子系统地面仿真与测试试验环境,形成了覆盖全部航电系统的全方位系统综合试验环境和能力。

早在2017年C919飞机首飞前,航电系统试验团队就先后累计完成了2轮"电鸟"的调试和5轮的集成,每轮试验都全覆盖,每轮测试包含有近6000项功能,耗时约2个月。开始调试测试时,居然近千项试验暴露了问题,后来经过不断发现、确认、解决和回归,系统不断完善,试验发现的问题逐渐减少、收敛,最后趋于完善,确保了航电系统功能正常,让飞机更加聪明。

在C919飞机系统测试平台中,实际上包含有"三鸟"。所谓"三鸟",是指"铁鸟""电鸟"和"铜鸟"。"铁鸟"和"电鸟"试验平台前面已经讲过,分别用来开展飞控液压系统和航电系统试验;"铜鸟"则主要是针对电源系统的，用于开展各类电源系统试验。国产大飞机 C919 是国内第一个真正把"三只鸟"联起来开展系统集成试验的机型，按照飞机真实的构型状态，实现"铁鸟""电鸟""铜鸟"交联互通，开展飞机级全系统交联试验。

C919 飞机的"三鸟"联试，具体包括飞行剖面模拟试验、功能验证试验、运营航线飞行试验、故障试验、安全性试验等项目，通过模拟飞行仿真手段和场景试飞的方法开展系统检查和验证，逐步替代一些在真机上开展的系统功能验证，尽可能将问题留在地面，最大限度地保障首飞及后续飞行的安全，同时也降低了试飞的风险和成本。

6. 失速试飞

试飞是飞机适航验证的重要方式之一，目的是把一款新飞机的风险摸遍、摸透，找出飞机在特殊条件或状态下的性能极限，确定安全飞行的边界"红线"。只有试飞过关了，新飞机才能投入航线运营。而现实中，失速是民用飞机在航线飞行中应极力避免出现的危险状态，飞机失速后，随之而来的就是掉高度、抖振、滚转甚至失控。因此，防止飞机失速一直是民用飞机设计的一大技术难题，同样也是 C919 大型客机取证审定期间的重要验证科目。承担 C919 飞机失速试飞任务的单位是中国航空工业试飞中心。

失速，是飞机迎角增大到一定程度，导致飞机的姿态迅速变化、飞行高度快速降低或飞机过度振动，并最终导致飞机失控的一种现象。飞机失速时会急剧下降，在十几秒之内，高度下降少则一两百米，多则上千米，因此，失速是挑战极限的试飞科目之一。

为了开展失速试飞试验，C919 飞机的机翼上密密麻麻贴满了丝线。这些贴在机翼上的丝线，是检验飞机是否进入失速状态的信号之一。它们会随着气流运动，如果气流正常，丝线会向后飘；如果机翼表面发生气流分离，丝线就会乱飞或者卷曲，这也意味着飞机进入了失速状态。

飞机在失速后可能出现滚转，过大的滚转对飞行安全危害很大。因此，在开展失速试飞前必须先进行大滚转试验，验证飞机的滚转改出能力极限，以应对失速试飞中可能出现的极端情况。由于设计的进步，C919 飞机的控制律设定了保护，正常情况下，滚转坡度不会超过 66°。但是在失速试飞中，

失速试飞

试飞机组需要探索飞机能力的边界。

通过小火箭发射引导，从飞机尾部打出来的失速伞，是根据国际惯例进行失速试飞的标配。飞机尾部放一个伞，把飞机从失速后急滚转盘旋下降的状态下改出来，然后飞机退出俯冲，这也是最后救命的办法。

然而根据 C919 飞机试飞任务的进度安排，试飞最迟要在 2022 年 9 月前全部完成，时间不等人。通过扎实的数据积累，在经过充分的技术分析后，C919 飞机试飞团队和设计团队商议后达成一致：为节约时间，试飞飞机失速试飞时不装失速伞。

不装失速伞这一举措，为 C919 飞机后续的试飞节约了半年时间。2021年 12 月，中国民航局失速审定试飞拉开序幕，到 2022 年 1 月，试飞团队在25 天试飞时间里累计让 C919 飞机先后进入失速状态 148 次，试飞结果达到了取证适航的标准。

7. 自然结冰试飞

自然结冰、失速试验和最小离地速度，被称作 C919 取证试飞的"三大战役"，都是高风险和高难度的试飞科目。

自然结冰是通过试飞来验证在结冰气象条件下，飞机还能不能安全地飞行。而自然结冰试飞，又是飞机取证中的三大高风险科目之一。美国联邦航空管理局的统计数据显示，每年大约有 8 起因结冰导致的飞行事故。因此，国际上任何一部适航法规，都不可能忽视结冰对飞行安全带来的影响。因为C919飞机的适航审定完全对标国际标准，国产大型客机要想拿到型号合格证，就必须完成自然结冰的试飞科目。然而，在民航飞行中，极少有飞机会主动进入结冰区域。为了啃下自然结冰试飞这块硬骨头，承担 C919 飞机试飞任务的航空工业试飞中心团队，锲而不舍地探索，主动进入结冰区域去试飞。

2021 年 2 月某日，天气预报显示，陕西安康某空域会出现结冰气象，试飞机组迅速行动，并到达了指定的空域。飞机表面要自然结冰，需在云的边上慢慢绕，找云薄的地方先试，然后逐渐飞进去。然而飞机要在云里面待较长时间，四周都是白茫茫一片，什么都看不见，整个飞机被云里面的水汽包围。当天，试飞机组先后做了 3 次穿云的垂直探测，但是，机翼上只结了一层很薄的冰，结冰效果没有达到适航取证要求的标准，试飞失败。

通过结冰探测飞机将近一年不断的飞行探测，航空工业试飞中心基本掌握了陕西、新疆等地区及周边省份的结冰资源，初步形成并检验了结冰预测、结冰气象实时监测方法，终于建立了结冰资源数据库。找到了结冰规律以后，探测飞机在陕西阎良空域多次找到了符合条件的结冰源。

根据结冰气象预测，2021 年 12 月 8 日，航空工业试飞中心组织了C919飞机自然结冰首次试飞。试验机穿云 4 次，成功遇到了符合试验要求的结冰气象。C919 飞机首次在国内自然结冰试验获得成功，实现了中国民机领域自然结冰试验的历史性突破。试飞结果显示，C919 飞机在机翼结冰7.6厘米厚的情况下，依然具有稳定的操控能力和安全飞行的能力，自然结冰试飞圆满成功。

C919 飞机自然结冰试飞是首次完

飞机机翼前缘结冰

全由中国机组驾驶着中国人设计的大飞机，按照中国人预测的结冰条件，在中国领空内完成的满足国际标准的自然结冰试飞，实现了在国内按照国际标准完成航空器自然结冰试飞零的突破。

8. 擦尾试验

擦尾试验即最小离地速度试验，是指飞机能够安全离地并继续起飞的最小速度，是飞机起飞过程中的重要参数。为把飞机性能充分验证出来，飞机尾部加装了防止飞机损伤的尾橇。试飞时，飞机一边滑跑一边抬起前轮、抬高机头，保持尾橇擦地，一路擦着火花起飞，以获取腾空瞬间的速度临界值。在最小离地速度试飞过程中，试飞员需在几乎看不见跑道的情况下保持飞机姿态稳定，若姿态稍大则易损坏机尾，若姿态稍小则尾橇无法擦地、飞机的性能就得不到验证。2022 年 10 月，C919 飞机试飞员精心钻研试飞技术，反复演练试飞方法，最终保障了最小离地速度试飞的成功。

C919 飞机擦尾试验

第九章
C919 的优势、生产
模式与产业链

一、C919 的优势

C919 飞机性能优异，直接对标波音 737、空客 A320 系列。C919 飞机基本型混合级布局 158 座、全经济级布局 168 座、高密度级布局 174 座，航程 4075 ~ 5555 千米，未来将与波音 737Max 系列、空客 A320Neo 系列展开直接竞争。根据中国商飞有关人士介绍，C919 飞机的绝大部分性能指标与波音 737Max、空客 A320Neo 持平，甚至在气动力布局方面还优于后两者。C919 飞机具有后发优势，在整体设计上采用先进的技术更多，自动化程度更高，同时在未来的市场潜力也更具有优势。具体竞争优势如下：

1. 先进的气动布局

C919 飞机机头采用了 4 块流线型曲面挡风玻璃，而空客 A320 和波音 737 采用了传统的 6 块平面玻璃。这使得 C919 飞机驾驶舱不但有大视野，而且气动阻力小。C919 飞机采用了超临界机翼和翼梢小翼，该翼型和翼尖小翼是从 1000 多个设计方案中，通过超级计算机模拟优选，再进行风洞试验，最后确定出来的，大大降低了空气阻力。C919 飞机设计一开始就选择了 CFM 公司的下一代发动机 LEAP-1X 系列，由于 C919 飞机设计时就和 CFM 共同做适配，做到了发动机吊挂一体化设计，额外减阻 2%。

空客 A320　　　　　　　　C919　　　　　　　　波音 737

飞机机头

2. 领先的技术

C919 飞机大量采用了近年来出现的新材料、新技术，机体结构复合材料用量占到 12%，稍高于波音 737 和空客 A320。此外，C919 飞机还大量使用了第三代铝锂合金，这种材料相比常规材料可以减重 7%。C919 飞机是在单通道客机中首次采用了三轴电传操纵系统，同时采用了最新型综合航电系统，飞行员驾驶体验更好，飞机操稳性能更佳。C919 飞机全面按照国际民航规章和适航标准开展设计研制并进行适航审定，从安全性、气动性、工艺性等角度来说都更具优势。

3. 更具经济性、舒适性、环保性

通过气动优化，减小了 C919 飞机的阻力，使得飞机燃油消耗、座公里直接使用成本比现有同类飞机低，经济性特点突出；机身比空客 A320 和波音 737 都略宽，通过加宽客舱和座椅宽度，以及配备新的机载设备，使得 C919 飞机的舒适性大大改善；飞行员视野设计得比同类型的更宽，更能保证行驶安全；选用新型发动机满足噪声和污染物排放的要求，提高了环保性。

4. 价格更为优惠，性价比高

空客 A320 和波音 737Max 系列飞机的单价都超过了 1 亿美元。而根据东航定增公告显示，C919 飞机的报价为 0.99 亿美元。目录单价是制造商对外公开的价格，一般实际的成交价会根据谈判结果有一定比例的折扣。在公告中就提到，本次拟引进的飞机实际合同价格经订约各方按公平原则磋商后厘定，将低于产品目录所载的价格。

C919 及其竞争机型报价

飞机型号	生产商	目标单价 / 亿美元	目标单价 / 亿元人民币	座位数
C919	中国商飞	0.990	6.53	158 ～ 168
A320Neo	欧洲空客	1.106	7.30	150 ～ 180
B737Max8	美国波音	1.216	8.03	162 ～ 178

5. 背靠中国巨大的民航市场

根据航空工业发展中心发布的《民用飞机中国市场预测年报（2021—2040）》，从中国市场来看，预计 2021—2040 年将补充 7646 架客机，其中窄体客机需求量达 5276 架，而窄体客机中，以波音 737、空客 A320 和 C919 为代表的 150 座级窄体客机需求量预计 4031 架，占飞机总需求量的 52.7%；从全球市场来看，预计未来 20 年全球需要窄体干线客机近 2.95 万架，其中 150 座级的需求量达 22300 架。

　　截至 2020 年 11 月，C919 飞机的订单超过 1000 架，国内外客户超过 30 家，且首架飞机已经交付启动用户 —— 东方航空公司，商业化潜力巨大。可以认为，C919 飞机已逐步开始对波音、空客单通道飞机的替代过程。随着首批 C919 飞机顺利交付，预计国航和南航等国内航空公司也将陆续引进。

C919 飞机订单（截至 2020 年 11 月）

序号	国家	公司	C919 基本型			备注
			确认	意向	总计	
1	中国	中国国航		20	20	
2	中国	东方航空	5	15	20	
3	中国	南方航空		20	20	
4	中国	海南航空	20		20	
5	中国	国银金融租赁		15	15	
6	美国	通用电气金融航空服务		10	10	2010 年
7	中国	工银租赁		45	45	
8	中国	四川航空		20	20	
9	中国	交银租赁		30	30	
10	中国	中国飞机租赁		20	20	
11	中国	中银航空租赁		20	20	
12	中国	农银租赁		45	45	
13	中国	建信租赁		50	50	
14	中国	河北航空		20	20	
15	中国	幸福航空		20	20	
16	美国	通用电气金融航空服务		10	10	2012 年
17	中国	兴业金融租赁		20	20	
18	中国	招银金融租赁		30	30	
19	中国	华夏金融租赁		20	20	
20	中国	平安金融租赁		50	50	
21	德国	德国普仁航空		7	7	
22	泰国	泰国都市航空		7	7	
23	中国	浦银租赁	5	15	20	
24	中国	中信金融租赁	18	18	36	
25	中国	光大金融租赁		30	30	
26	中国	中核建租赁	20	20	40	
27	中国	华宝租赁	15	15	30	
28	中国	航空工业租赁	15	15	30	
29	中国	农银租赁	20	10	30	
30	中国	工银租赁		55	55	
31	中国	华融金融租赁		30	30	
32	中国	华夏航空	50		50	
33	中国	海南航空		200	200	
总计			168	902	1070	

假设 C919 飞机未来 20 年在国内窄体客机市场中的占有率达到三分之一，则仅中国市场的年需求将达 90 架，再考虑到海外市场，则 C919 飞机的年均销量有望达到 100 架。

二、主制造商 - 供应商模式

C919 飞机采用国际通用的"主制造商 - 供应商"模式，作为国产大飞机的主制造商，中国商飞负责 C919 飞机的设计研发、系统集成、总装制造、适航取证、客户服务和市场营销等工作，机体结构和机载系统设备则由中国商飞在全球范围内开展供应商选择和管理，具备完全自主知识产权。其中，C919 飞机机体结构由中国商飞设计，由国内中航工业几大航企共同制造。

在研发模式上，不仅是中国商飞，波音与空客事实上也采用的是"主制造商 - 供应商"模式，即供应商提供子系统，制造商进行总体设计与集成。毕竟，作为人类有史以来最复杂的工业产品之一，民航客机前前后后会牵涉到数十万个零部件，不可能由一家甚至一国包办，只能通过国际合作，将大量零部件外包给国外的供应商。

中国商飞采用"主制造商 + 供应商"模式，最大的优势在于能够最大限度聚集和利用国内外资源。中国自主设计，全球采购，一方面能利用国外成熟的生产经验，另一方面国内企业稳步跟进，最终保证了整体供应链的安全稳定。一言概之，C919 客机就是中国制造，欧美协助。

中国的大飞机产业之所以选择"中国制造，欧美协助"的模式正是基于成本与自主之间的考量。国产大飞机项目之所以具有自主知识产权，主要是因为它是由我国自主设计，而这也就决定了零部件的供应必须符合飞机的需求，完全由中国商飞决定采用哪些供应商。对于大飞机这样复杂的产品来说，整体的设计极其重要。没有整体设计，即使把全世界最好的发动机、机身、飞控、电传等等组合起来，也得不到一架能飞的飞机。

另外，作为飞机最重要的系统集成也完全掌握在中国商飞手中，C919 飞机上有几百万个接口，这关系到液压、航电等多系统之间的关联，绝不是简单的拼接，如何关联，取决于飞机的总体设计方案。值得注意的是，C919

项目在供应商上还有"B计划",那就是在飞控、燃油、液压、航电等主要核心系统上,会再建一个备用的供应商。

三、供应商与国产化问题

1. 供应商

国产大飞机C919,采取的是国际民航客机常见的"主制造商 - 供应商"模式。随着C919飞机研制工作接近尾声,国产大飞机C919零部件供应商的名单也浮出水面。目前官方的数据表明,C919大飞机的国产化率已经超过了60%,在诸多核心零部件上,都不乏中国企业的身影。

在中国商飞的供应商系统里,Ⅰ类为核心成品件供应商,共有40家;Ⅱ类为子系统结构件供应商,共有25家;Ⅲ类为标准件和原材料供应商,共有57家。

下表给出了C919飞机的主要结构部件、各大系统及对应的制造商/供应商。从该列表可以看出,各大系统的供应商除不少来自美、法、德等国的知名航空制造企业外,还有大量的我国企业参与其中。

C919飞机主要供应商

编号	结构／部件	国内供应商	国外供应商	合资公司
1	中机身(含中央翼)、外翼翼盒、前缘缝翼、后缘襟翼、副翼	西飞	—	—
2	机头	成飞	—	—
3	垂尾、后机身前段(机身尾段)	沈飞	—	—
4	前机身、中后机身、舱门	洪都	—	—
5	后机身后段	航天海鹰	—	—
6	平尾	上飞	—	—
7	机翼扰流片	昌飞	—	—
8	雷达罩	济南特种结构所	—	—
9	应急发电机舱门、辅助动力装置舱门	浙江西子	—	—
10	发动机	中国商发(研制中)	CFM公司(美法)	—

续表

编号	结构 / 部件	国内供应商	国外供应商	合资公司
11	短舱系统	西飞	赛峰（美法）	西安赛威
12	航电系统	中航西安航空计算技术研究所，中航电子，中电科航空电子，中航光电	通用电气（美），霍尼韦尔（美），泰雷兹（法），柯林斯（美）	昂际航电
13	通信与导航系统	电科航电	柯林斯（美）	中电科柯林斯
14	机电和电源系统	中航机电公司，上海航空电器	汉胜（美），利勃海尔（德），派克（美），赛峰（美法）	—
15	飞行控制系统	中航工业西安飞控	霍尼韦尔（美）	西安鸿翔飞控
16	机轮和刹车系统	博云新材	霍尼韦尔（美）	霍尼韦尔博云
17	环控系统	中航南京机电	利勃海尔（德）	—
18	燃油系统、液压系统、空气管理系统	上飞，中航南京金城	派克（美）	南京航鹏
19	燃油、液压惰化系统	上飞	伊顿（美）	伊顿上飞
20	起落架系统	中航飞机起落架	利勃海尔(德)，霍尼韦尔（美）	利勃海尔中航起
21	机载照明系统	江苏彤明	古德里奇（美），霍尼韦尔（美）	—
22	核心处理系统、座舱显示系统、大气数据系统、惯性 / 卫星导航系统、飞行数据系统	中航上海测控所，中航电子	柯林斯（美）	中航雷华柯林斯
23	内饰	菲舍尔	—	—
24	机载娱乐系统	中电科航空电子	泰雷兹（法）	中电科泰雷兹
25	辅助动力装置、APU 系统	中国航发（沈阳）	霍尼韦尔（美）	

2. 全球采购，国产主导

总体集成制造是大飞机的核心技术之一。作为 C919 飞机主制造商，中国商飞承担总体集成制造业务。在 C919 飞机的总体设计制造上，飞机结构、气动、系统设计需求都是由中国商飞提出的，因此说，C919 飞机具有完全的自主知识产权。

从飞机构成来看，C919 大飞机主要由机体、发动机、飞控系统、航电系统、燃油与液压系统、起落架系统、高升力系统等组成。其中，机体结构，即机身、机翼和尾翼等部件，占整机价值量的 50% 左右，占比最大。中国航空工业集团下属单位是中国商飞供货商的核心力量，在一类、二类、三类及协作单位之中分别有 16 家、3 家、1 家和 1 家，下属主机厂（西飞、沈飞、成飞、洪都、哈飞、昌飞）承担着 C919 大型客机雷达罩、机头、机身、机翼、垂尾等绝大部分机体结构件的研制业务，占机体研制 95% 以上工作份额。

从 C919 飞机主要供应商列表可以看出，机头、前机身、中机身、中央翼、中后机身等主体结构，分别由中航工业旗下的西飞、成飞、沈飞和洪都等国内企业制造。其中，机头由成飞制造，前机身和中后机身由洪都制造，机翼由西飞制造，后机身和垂尾由沈飞制造，前起落架舱门、主起落架舱门由哈飞制造。另外，哈飞还承担了机身复合材料部件的制造，包括主起落架舱门、前起落架舱门、翼身整流罩和垂直尾翼 4 个大部件。也就是说，C919 飞机的机体结构基本实现了全国产化。

在 C919 飞机各核心系统研制方面，这几年中国企业正在通过合资模式、项目合作和自主研发快速追赶，国产化比例已经显著提高。据了解，C919 立项之初，中国商飞定下的国产率目标仅为 10%。2017 年 C919 飞机首飞时，官方宣布的国产化率数据达到了 30%。到 2022 年 C919 飞机完成适航认证后，这一数据超过 60%，而中国商飞的最终目标是不是要实现 100% 国产化，让我们拭目以待。

四、大飞机制造产业链

C919 飞机大飞机制造产业链条之长、涵盖范围之广、带动效应之强，已成为我国工业和科技水平的重要标杆。其产业链上游主要为轻金属材料、复合材料等材料供应商，中游为机身、机翼、尾翼、发动机、起落架、机载设备等部件制造商，下游为整机集成商。有关数据显示，C919 飞机机体、发动机、机载设备及其他部分占整架飞机的价值量分别为 30% ~ 35%、20% ~ 25%、25% ~ 30% 和 10% ~ 15%。

C919 飞机是我国当代工业的集大成者，涉及材料科学、冶金科学、工程力学、空气动力学、热动力学等多个学科，即使一个不起眼的紧固件，都是现代高端制造业的集成。因此，大飞机的设计和生产制造需要来自全国力量的支持，堪称"关键核心技术攻关新型举国体制"的代表之作。

据统计，目前中国商飞共有三类国内供应商 120 多家，遍布 19 个省（自治区、直辖市），其中上海、四川、陕西、天津、江苏为主要供应商所在地。陕西共有 5 家 I 类供应商，江苏 4 家，四川 3 家，上海、江西、江苏都是 2 家，辽宁、黑龙江、山东、北京、河南等地均有企业上榜。

而在 C919 飞机研制过程中，全国共有 22 个省（自治区、直辖市）200 多家企业、36 所高校、数十万产业人员参与其中。这些省（自治区、直辖市）以上海为龙头，陕西、四川、江西、辽宁、江苏等地的多家企业在其中发挥了关键作用。

陕西、四川、江西、黑龙江、辽宁等地都有不少国防军工重镇，本身就是运输机、歼击机的生产基地，也是民航工业最发达的地区。从航空实力来看，除了上海之外，西安、成都、沈阳、南昌等地也是我国航空产业非常发达的城市。

位于陕西的中航西飞是 C919 飞机的主供应商之一，承担着 C919 飞机外翼翼盒、中机身（含中央翼）、襟翼、副翼、缝翼等部件的研制任务，在 C919 飞机的结构中占比超过 35%。

　　成都的航空工业实力，也位居全国前列。目前，成都拥有成都飞机、四川涡轮院、中电科科研院所和成飞公司、成发公司、成飞民机、电科航电等航空制造企业，整机、发动机、大部件、航电系统、航空维修等领域达到国内领先水平。其中，成飞是 C919 大飞机的机头唯一供应商。

　　沈阳的沈飞是中国最早的飞机制造企业，也是制造战斗机的"一哥"，还是 C919 飞机后机身前段、后机身后段、垂直尾翼、发动机吊挂、APU 舱门等大部件的供应商。近年来沈阳民航工业发展迅猛，根据规划，沈阳正在建设"航空航天城"，打造国内领先航空产业基地，到 2035 年，产业链总产值将突破 2000 亿元。

　　南昌的航空工业起步于 20 世纪 50 年代，更是新中国第一架飞机的诞生地。目前，南昌拥有洪都公司、洪都飞机设计所、南昌航空大学等科研院所和试验基地，形成了教练机、大飞机、通用飞机等比较完整的航空制造产业体系。位于江西的洪都航空主要负责前机身、中后机身及相应舱门部段的生产研制任务。

　　江苏和浙江则是借助上海作为大飞机生产总部而迅速崛起的典型。近年来，江浙地区先后拿下了苏州空客中国研发中心、舟山波音 737 完工与交付中心等项目，镇江、常州、盐城、扬州等地也围绕大飞机布局航空产业园区。根据规划，未来在长三角地区，将形成以上海为核心，延伸长三角，重点沿 G2 高速公路打造航空产业链走廊，沿 G60 高速公路打造航空科创走廊，共同建设世界级民用航空产业集群。

　　根据中国商飞预测，到 2040 年，中国的机队规模将达到 9957 架，成为全球最大的单一航空市场，将形成万亿美元级的市场。

　　随着国产大飞机的崛起，大飞机商用化正徐徐拉开帷幕，这些城市也将迎来前所未有的发展机遇，享受到航空制造业的盛宴。

China's

Large

Aircraft

第十章
下一代宽体客机
CR929

CR929 远程宽体客机是继 C919 飞机研制成功后，中俄两国联合研制的新一代大型客机。从现有资料可知，CR929 客机起飞总重 220 吨，拟采用 2 台推力为 35 吨级的发动机，采用双通道客舱布局，280 座级，升级型座级可达 350 座。

作为新一代大型宽体客机，CR929 通过采用更为先进的气动设计，大量应用复合材料，装配新一代大涵道比涡扇发动机等提高飞机综合性能指标。从已有信息来看，CR929 对标的机型为波音 787 和空客 A350，这三款宽体客机都属于当前国际技术水平领先的机型，其适用范围更广、经济性更强。

回顾中国和外国合作研制大型客机的历程，CR929 飞机并不是第一次。早在 20 世纪 90 年代，中国便和美国麦道公司合作制造 MD-90 飞机，然而麦道公司最终被波音公司兼并，直接导致 MD-90 项目终止。随后，中国再联合欧洲空客公司研制 AE-100 型客机，无果而终。面对种种不幸，难免有人会问："这次 CR929 宽体客机研发，中国为何不单干？为什么要选择和俄罗斯合作？"

本章作者将以独特、专业的视角，剖析 CR929 宽体客机中俄联合研发背后的大国博弈……

一、宽体客机，新的征程

2017 年 5 月 5 日，万众瞩目下，中国大型客机 C919 一飞冲天，成功首飞，标志着中国民机工业翻开了崭新的一页。伴随 C919 飞机后续适航试飞的有序进行，依照中国民机 "生产一代、研制一代、预研一代" 的可持续发展战略，中国新一代宽体客机 CR929 的研发工作也逐渐进入人们的视野，开始得到越来越多的关注。

CR929 是中国和俄罗斯联合研制的一款双通道民用远程宽体客机，该客机将采用双通道客舱布局，基本型命名为 CR929-600，航程为 12000 千米，280 座级。此外还有缩短型和加长型，分别命名为 CR929-500 和 CR929-700。

CR929 飞机的前期筹备工作，可追溯至 2014 年。2014 年 5 月，中国商飞与俄罗斯联合航空制造集团（UAC）签署了《新型远程宽体客机项目合作备忘录》，成为中俄双方联合研发宽体客机的基础文件。2016 年 6 月，几乎

CR929 想象图

在 C919 大型客机启动全机静力试验的同时，中俄双方正式签署了远程宽体客机项目合资合同。同年 11 月，一架 1 ：10 比例的中俄远程宽体客机模型便在第十一届珠海国际航展上首次亮相。2017 年 5 月，中俄国际商用飞机有限责任公司挂牌成立。9 月 29 日，中俄远程宽体客机正式命名为 CR929，并发布了中俄国际商用飞机有限责任公司的 LOGO。

CR929 客机名字中的字母 CR，为中俄两国英文首字母，代表该款宽体客机是两国企业合作研制的先进商用飞机。"929"中的"9"是最大的数字，寓意长长久久，代表双方合作深远而持久，也代表该款飞机寿命期会更长、运营期会更久、合资公司发展规模会更大，"2"表示该款飞机由两国企业携手合作、联合研制。值得注意的是，CR929 的正式命名日期选择在 9 月 29 日，表达了双方对此次合作项目的重视和良苦用心。

中俄国际商用飞机有限责任公司 LOGO 代表了双方精诚合作、两翼齐飞，机翼为飞机提供升力，寓意合资公司蒸蒸日上。红色是中国国旗的主色调和俄罗斯联合航空制造集团 LOGO 中的颜色，代表激情、进取和创新。蓝色是俄罗斯国旗的主色调和中国商飞 LOGO 中的颜色，代表蓝天、梦想和永恒。而红蓝交映，象征中俄两国民用航空工业的携手合作。

目前，CR929 项目的发动机、主要机载系统、飞机机身和尾翼的联合概念定义，以及起落架系统方案征询书发放等工作，正按照预定计划，紧锣密鼓地有序开展。CR929 远程宽体客机的整体外形和尺寸已经正式确定，并进入初步设计阶段。

对于中国民机工业来讲，宽体客机的研发是第一次，不管是技术层面还是组织管理层面，必然会面临前所未有的新挑战。CR929 飞机一旦研发成功，必将会成为中国民机工业另一个具有里程碑意义的重大事件，对于中国航空工业的发展具有巨大的促进作用。

中俄国际商用飞机有限责任公司 LOGO

二、中俄联合研发的理由

1. 良好的互信关系，合作的基础

众所周知，我国的航空工业是在苏联的援助下建立起来的，苏联的航空工业在中国的影响是广泛、全面的。

尽管 20 世纪 50 年代末开始，中苏关系一度紧张，甚至决裂，但 80 年代末中苏关系正常化后，中俄两国一直保持着良好的友谊，俄罗斯的航空技术不断被中国企业所引进、吸收和消化，合作关系不断加强。客观地讲，如果没有苏联的帮助和支持，就没有当今中国航空工业的大好局面。

也正是双方长期的合作与交往，彼此的生产管理、工作方式、行事风格、技术路线、国情都得到了一定的了解、尊重和适应，长期交往中建立起来的良好互信关系，为中俄联合研制 CR929 飞机铺平了道路。

2. 中俄携手，面对国际严峻局势

从全球宏观局势上来讲，长期以来，美国视中国和俄罗斯为两大竞争对手。为了打压这两个重量级对手，美国采取了不同的制衡措施。为对付俄罗斯，美国主要采用军事威慑手段，利用北约发起战略围堵。为了遏制中国崛起，美国伙同其盟友进行了长达数十年的军工技术封锁，制定了岛链封锁计划以及"重返亚太"战略。近年来，美国又频繁制造贸易摩擦，对中国的发展势头进行遏制。在这种形势下，中俄联合研发客机自然而然地成为两国技术合作的重要组成部分。

2014 年和 2016 年，中俄分别签署《新型远程宽体客机项目合作备忘录》和远程宽体客机项目合资合同，中俄两国首脑亲临现场，足以说明中俄技术合作 CR929 项目已经达到了前所未有的高度。

回到民航业。多年以来，欧洲空客与美国波音几乎瓜分了世界的大型喷气式飞机市场。包括中国、俄罗斯、美国、欧盟国家在内的世界各国，其民航运营企业长期使用着大量的波音和空客飞机，这些国家或地区各场站和运营企业已经建立并习惯了比较系统的空客和波音飞机的后勤保障体系。

窄体飞机市场多年来一直是民航业一个丰厚的利润点。这种客机机体较小且更加省油，备受大型航空公司和快速发展的廉价航空公司的青睐。最近，波音和空客公司相继推出了 230 座级别的最新版窄体客机 B737Max 和 A320Neo，并收到了大量订单。

为了进军窄体飞机市场，2017 年，中国和俄罗斯相继研制出了同一级别的 C919 和 MC-21 飞机，有望成为 B737 和 A320 窄体客机的有力竞争对手。

C919 和 MC-21 飞机是中俄两国分头各自研制的，总体进展还算比较顺利。然而，这两款飞机想要进入市场，不但需要面对 B737 和 A320 系列飞机的技术竞争，而且还要承受来自整个生产、销售和后勤保障供应方面的巨大压力。需要一提的是，这两款飞机要打开国际市场，还需要通过美国 FAA 或欧洲 EASA 的国际适航认定，而美国 FAA 和欧洲 EASA 中均分别有竞争对手波音和空客的大批专家，这为 C919 和 MC-21 飞机进军国际市场，蒙上了一层厚重的阴影。

几年前，有位美国经济学家说："中国将显著改变当前的双头垄断格局，靠的不是 C919，而是下一款飞机。这款飞机只是他们学习的过程。"这里所说的"下一款飞机"指的就是 CR929 宽体客机。

实际上，CR929 飞机也将会面临 C919 和 MC-21 窄体客机同样的境况，直接面临的竞争机型为波音公司的 B787 飞机以及空客公司的 A350 飞机。不过，这次中俄双方改变了 C919 和 MC-21 飞机研制"各自为战"的策略，转为共同研发，"抱团取暖"。中俄合作，整体技术实力必然更强、人力物力更多、研发水平更高、影响力更大更广。中国、俄罗斯，加上独联体的一些成员国，本土潜在的飞机用户显著增多，市场潜力变得更大。

因此，有理由相信，中俄的 CR929 项目，立足两国，发展独联体国家、

俄罗斯的 MC-21 客机

亚非拉国家用户，一定会把市场做大、把飞机水平做高，成为继空客和波音之后民航业的第三股力量。

3. CR929 研发，中国需要俄罗斯

中国把 150 座以上的客机称为"大客机"，而国际航运体系习惯上把 300 座以上的客机称作"大型客机"。下图是笔者绘制的世界 150 座以上客机一览，这些飞机分别来自美国、欧洲、俄罗斯和中国。图中从上到下按照飞机的尺寸（机身长度）进行了排序，其中最下方一栏为 300 座以上的宽体客机。

由该图可以看出，大型客机研发方面，中国仅研制有一款 C919 窄体客机，而美国、欧洲，乃至俄罗斯都已经发展成系列产品，这表明中国和美国、欧洲，甚至俄罗斯相比，都存在着较大的差距。尤其是 300 座级别以上的大型宽体客机，波音、空客的成熟机型均有多款，即便是俄罗斯，也有过研制生产伊尔 -86、伊尔 -90 宽体客机的经验。

在苏联解体后，俄罗斯的机器制造业早已不能与当年相提并论。然而，俄罗斯航空工业近些年在逆境中成长，俄罗斯人不但收获了宝贵的民用大飞机设计经验，还接触到了西方的先进技术、设计理念以及现代化的管理运营方式。此外，从苏联时代至今，虽然俄罗斯民用大飞机产量一直极为有限，但毕竟保持了一套完整的、用于民用大飞机生产、组装的工业体系，积累了一定的宽体客机研发经验。

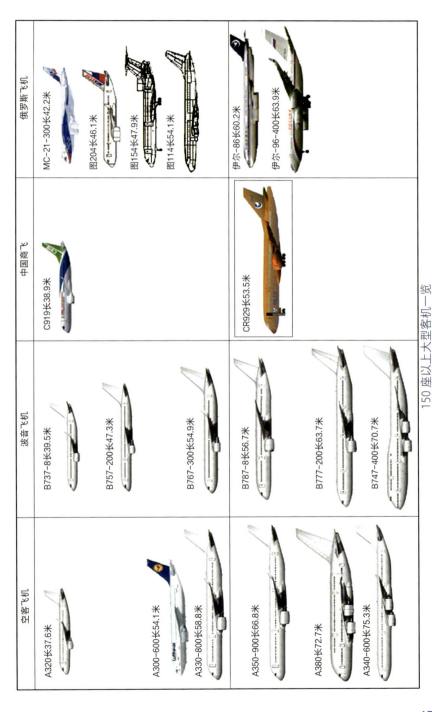

150座以上大型客机一览

在民用大飞机制造领域，中国只是一个"新人"。C919 窄体客机的成功，仅是中国大型客机征程的第一步。从 C919 飞机的供应商表可以看出，中国民用大飞机的设计、制造一定程度上还依赖来自西方国家的零部件，包括发动机、航电系统、液压系统、飞控系统、起落架系统等。中国完成 C919 窄体客机研发之后，直接跨级研发 300 座级别的宽体客机 CR929，跨度太大，技术欠缺，经验不足，在大量民用大飞机核心部件的研发和制造方面，尚有较大的进步空间。

俄罗斯拥有比较完整的大型民用飞机制造体系，有研发宽体客机的实际经验，中俄合作研制 CR929，中国可以学习俄罗斯的技术和大型客机研发经验，发展和完善大飞机配套的国产零部件产品质量和水平，逐步提高飞机的国产化率，这也是中国与俄罗斯合作研制下一代民用客机 CR929 的客观基础。

4. 寻求发展，俄罗斯需要中国

互利互惠、双赢是维系中俄 CR929 联合项目的前提。对于俄罗斯来讲，参与 CR929 飞机联合研发对俄罗斯航空业而言也意义非凡，至少有以下几点好处。

第一，借研制 CR929 宽体客机的技术改进、升级俄罗斯的宽体客机。

中俄联合研制 CR929 宽体客机目前已经正式立项开展，两国即将展开相关的研制工作。不少俄罗斯人认为，包括伊尔 -96 在内的俄罗斯宽体客机产品和计划将受益于 CR929 项目，并从中获得更新的技术以实现本国的技术升级。

伊尔 -96 是俄罗斯伊留申设计局研制的四发远程宽体客机，是在伊尔 -86 飞机基础上发展起来的，外形与伊尔 -86 飞机很相似，但实际上有很大区别，伊尔 -96 飞机采用了先进的结构材料及现代水平的工艺技术，延长了使用寿命，可达 60000 飞行小时或 12000 个起落。要装 4 台索洛维耶夫 PS-90A 高涵道比涡扇发动机的伊尔 -96 飞机，提高了飞行性能，加大了航程。该机于 1988 年 9 月 28 日首飞，1993 年投入商业运营，最大起飞质量为 250 吨，可以载客 235 ~ 300 人，航程 9000 千米。伊尔 -96 在指标上接近空客 A340 和波音 777，但是在性能和经济性上仍有较大差距。由于苏联解体后财政困难，资金出现问题，俄罗斯宽体客机发展严重受阻。1992 年 8 月，首架改装普惠公司 PW2337 涡扇发动机的伊尔 -96M 飞机首飞，目前伊尔 -96 除了货机型号尚有订货外，客机型号已经停产多年，近乎无人问津。

实际上，早在 2014 年，俄方便提出了在伊尔 -96-400 飞机的技术基础上由中俄双方研制新一代远程宽体大客机的建议。尽管没有完全得到中方回应，但俄罗斯迫切希望升级伊尔 -96 飞机的愿望表现得一览无遗。

第二，借机研发新一代大推力高涵道比的民用发动机。

中俄商用航空发动机有限责任公司成立后，CR929 宽体飞机的动力 PD-35 大涵道比涡扇发动机的研制将由俄罗斯主要承担，中国科技人员辅助参与。这对于缺乏资金的俄罗斯来说，无疑是一件天大的好事。

苏联解体后，俄罗斯有意立足于伊尔 -96 客机，研制性能更加优秀的伊尔 -98 客机。目前，伊尔 -96 飞机安装的是 4 台 PS-90A 高涵道比涡扇发动机。和同一级别的双发波音 777、空客 A340 相比，伊尔 -96 飞机四发布局的经济性广受诟病，然而直接采用 2 台 PS-90A 发动机却会动力严重不足。基于以上原因，俄罗斯长期以来一直希望研发出新一代的涡扇发动机，用 2 部大推力涡扇发动机替代伊尔 -96 客机的 4 部发动机，从而提高飞机的经济性。不过，独联体国家的一个通病，就是缺乏研制资金，因此，伊尔 -96 飞机的升级计划便一直处于停顿状态。

PD-35 一旦研发成功，推力将高达 350 千牛，有望成为俄罗斯有史以来推力最大的航空发动机。它不仅可以加装 CR929 飞机，也可以改装俄制的伊尔 -96 飞机，还可以进一步提升自身的大推力大涵道比涡扇发动机技术，对于俄罗斯而言，一箭三雕，求之不得，何乐而不为？！

第三，提升自身大型客机的研发能力，联手中国与波音、空客抗衡。

相对于中国，俄罗斯的大型客机研发技术和经验堪称"丰富"。然而，在大型客机的整体研发水平上，和空客和波音相比，俄罗斯仍相差一大截。

PD-35 发动机模型

以宽体客机为例，到目前为止，俄罗斯共研发有两款宽体客机：伊尔 -86 和伊尔 -96，分别于 1980 年和 1993 年投入运营。波音、空客飞机维护性好、维护成本低、整机寿命长，特别是遍布全世界的维护体系更是俄系客机无法比的。因此，在长达38年和25年的时间里，伊尔-86和伊尔-96飞机的累计产量都仅为100多架，市场严重受到波音、空客飞机挤压，仅限于独联体的一些国家。

总之，不管是国际民航市场、国内民航市场，还是窄体客机、宽体客机，在性能、安全性和经济性方面，面对同级别的空客和波音客机的激烈竞争，俄制的大型客机系列均处于劣势，产量和销量都不理想。

因此，俄罗斯急需提高自身大型客机的研发能力，研发或者升级自己的宽体客机，以应对波音、空客的垄断性竞争。而此次借助CR929项目和中国联手，正是俄罗斯绝地逢生，恢复昔日雄风，与波音、空客抗衡百年不遇的大好机会。

第四，从CR929宽体客机获利，同时为自己的伊尔-96、MC-21飞机寻求市场。

中俄联合研制CR929宽体客机，对于俄罗斯来说，经济上也必将获得收益。其一，俄罗斯入股了CR929，中国分担了宽体客机研发的成本和风险，研发效率和成功率显著提高，他日CR929宽体客机成功研发运营后，俄罗斯在CR929飞机销售方面会直接分红、获利。其二，随着CR929宽体客机、PD-35发动机的研发与日后生产，俄罗斯国内必然会有大批相关单位和人员介入，缓解了就业压力，激活了企业，促进了俄罗斯相关产业链的发展。其三，CR929宽体客机联合研发，这将意味着中国巨大的民机市场将会在不久的将来全面向俄罗斯开放，譬如签订中俄适航互认文件等。这种开放性并不局限于CR929飞机，未来升级版的俄制伊尔-96飞机、MC-21窄体客机也极有可能从中获益。

三、CR929变为C929

中俄两国深入合作研制CR929客机，中国负责机体研制并开放市场，俄罗斯提供大飞机研发经验和发动机技术，原本是一件双赢的好事。然而，受新冠疫情、俄乌冲突、西方制裁等影响，俄罗斯经济状况不容乐观。为了集中力量发展其自主研发的窄体中型客机MC-21，俄方对PD-35发动机的投入被大幅削减，对 CR929 飞机的合作态度也发生了一些变化。

2023 年 8 月，俄罗斯联合航空制造集团公司宣布，正式退出中俄合作的 CR929 远程大飞机项目。虽然中方尚未官方回应，但这种表态基本标志着，俄罗斯将不再作为地位平等的联合设计方和联合投资方参与大飞机项目，也就是说，CR929 项目中代表俄罗斯的英文字母"R"将会被摘掉，就此变成 C929 项目。不过，俄方也声称，俄罗斯将作为供应商，继续参与中国商飞的 C929 飞机项目。

俄罗斯加入 CR929 项目的这几年，中国商飞学习了俄方的部分设计经验，譬如关键的机翼设计和气动设计等。俄罗斯退出后，仍可以继续承担 C929 飞机的机翼制造，供应飞机的钛合金和先进铝合金材料，这是俄罗斯在航空领域上独有的优势，堪称价廉物美。除此之外，俄罗斯研发的 PD-35 大推力大涵道比涡扇发动机，必要时候，也可出口中国，作为 C929 飞机发动机的备选。

尽管俄罗斯退出了 CR929 项目，但中国发展大飞机的决心没有动摇。2023 年 11 月，在南昌飞行大会上，一架印有"C929"字样的中国商飞的远程宽体客机模型精彩亮相，标志着中国航空工业向着独立自主研发大飞机的征程上迈出了重要一步。

第十一章
国产客机的"心脏"

自 20 世纪 70 年代至今，我国先后研制的支线客机型号有运 7-100、新舟 60、新舟 600、新舟 700 和 ARJ21，干线客机有运 -10、C919 和 C929。

运 7-100、新舟 60/600/700 均为西飞公司研制的双发客机，动力为涡轮螺旋桨发动机（简称涡桨发动机）。ARJ21、运 -10、C919 和 C929 均为中国商飞（或其前身）研制的支线或干线客机，动力装置为当今航空业的主流——涡扇发动机。下面我们将依次讲述我国支线客机和干线客机配套发动机的使用与研发情况。

一、国产支线客机的动力装置

运 7-100 客机采用的动力装置为两台东安发动机制造厂生产的 WJ-5A-1 涡轮螺旋桨发动机，目前早已退出市场。WJ-5 发动机最初于 1966 年由南方航空动力机械公司研制，1968 年转由哈尔滨东安发动机制造公司继续研制生产。新舟 60，又名"Y-7-200A"，跟其改进型新舟 600 均采用美国普惠公司的 PW127C 涡桨发动机作为动力装置。而 ARJ21 配备的是由美国通用公司研发的 CF34-10A 涡扇发动机。

新舟 700 是西飞继新舟 60/600 之后发展的一款全新涡轮螺旋桨支线飞机。新舟 700 原定在 2020 年完成首飞。可惜的是，由于美国干预，本来订下来的加拿大普惠 PW150C 发动机订单被取消。幸亏我国有"B 计划"，果断为新舟 700 飞机换装了国产 AEP500 涡桨发动机，才避免了新舟 700 无机可用的尴尬局面。

AEP500 是我国正在研制的一款的 5000 千瓦级涡桨发动机，该发动机选择了三转子结构，安装有 8 叶螺旋桨。除新舟 700 飞机外，该发动机还可装机我国的空警 600 预警机、新一代中型运输机运 -30，甚至用来改进运 -8 和运 -9 飞机。可以说，AEP500 发动机是我国装机目标最为广泛的一款动力系统，重要性不言而喻，可谓是真正的大国重器。实际上，AEP500 发动机早在 2018 年 5 月就完成了核心机的顺利点火，同年 9 月顺利完成了核心机 100% 设计转速试车任务。2022 年 3 月，AEP500 发动机涡桨发动机首台原型机成功下线。据专家预测，AEP500 发动机完成研制，可能要到 2025 年之后，届时国产动力系统可以甩掉积贫积弱的帽子，真正走向"自由王国"。

综上所述，我国目前运营的新舟 60/600 飞机和 ARJ21 支线客机动力均为美国厂商的发动机，在研的新舟 700 支线客机则遭遇了普惠加拿大公司的断供，研发进度受到了一定的影响。总的来看，支线客机动力方面，我国仍受制于人，存在"卡脖子"的风险。

二、"一发托两型"的涡扇 -8

涡扇 -8 是我国研制的首款民用大推力涡扇发动机，也是与运 -10 飞机配套的动力项目，在中国航空史上具有重要地位，虽然后来涡扇 -8 因种种原因下马，但在研制过程中取得的成果为我国民用航空动力的发展打下了根基。

1970 年，涡扇 -8 发动机与运 -10 飞机的研制工作同时启动。当时我国航空工业一穷二白，基础非常薄弱，要技术没技术，要资金没资金，尤其是缺乏可供借鉴参考的成熟发动机型号作为样本，研制工作举步维艰。

试制任务交给了 420 厂（即成都发动机厂），后转交上海长征机械厂继续完成。1972 年，涡扇 -8 发动机投料试制，经过不懈努力，在 1979 年 10 月设计定型，其最大推力为 80 千牛，起飞耗油率为 54 千克 /（千牛·时），基本上达到了波音 707 的 JT3D 发动机的性能指标，至 1980 年已试制了 12 台。1982 年 4 月，一台涡扇 -8 发动机被安装到波音 707 客机的 4 号发动机位置，与 JT3D 发动机进行了混装试飞，获得了成功，后来通过这种方式又在乌鲁木齐、拉萨、昆明等地试飞，累计飞行时间达 170 小时，再后来涡扇 -8 发动机又经过了一系列严格测试，最终各项性能均达到设计指标。

与此同时，我国正在研制的第一种大型轰炸机轰 -8 也决定不再采用斯贝 MK512-5W 发动机，转而选择涡扇 -8 发动机。民用涡扇发动机转军用其实早有先例，JT3D 发动机的军用型 TF33 就曾用于 B-52H 轰炸机、C-141A 军用运输机和 E-3A 预警机。至此，涡扇 -8 的地位更加突出，这一种发动机居然托起了我国两大重点型号，妥妥的"一发托两型"。

但天有不测风云，1986 年运 -10 飞机的研制工作正式终止，在此之前，轰 -8 飞机也已无疾而终，涡扇 -8 发动机一下子从重点型号陷入了无机可装的境地，虽然它的研制工作又持续了一段时间，但最后还是被迫下马，未能避免惨痛流产的命运。

有一种观点认为，如果当时能继续研制涡扇-8发动机，即使用于国产轰-6飞机，也可使轰-6K飞机提前20年诞生。但不能用现在的眼光来评判过去，涡扇-8下马其实是多种因素所决定的，有其历史必然性，这主要表现在以下三个方面：第一，轰-8与运-10飞机相继下马使涡扇-8发动机失去了装机对象；第二，改革开放后，我国国防预算大幅削减，涡扇-8发动机的研制费用无法保障；第三，涡扇-8发动机在技术上远未成熟，漏油等诸多问题未能有机会解决，需要在进一步的试飞中暴露和完善。

虽然涡扇-8夭折了，但它的主要成品附件、轴承和各种工件毛坯均立足于国内制造，出现了一定数量的配套企业，我国也借此基本走完了研制民用涡扇发动机的全过程。更重要的是，通过涡扇-8项目，我国初步形成了一支民用航空发动机的设计、制造队伍。至1980年年底，涡扇-8主机的研制人员达3232人，为我国航空工业留下了最宝贵的财富。

三、涡扇-20大推力涡扇发动机

涡扇-20（WS-20）是近年来我国自行研制的新一代军用大涵道比涡扇发动机，最近终于到了试装运-20飞机的阶段。而在此之前，涡扇-20发动机在伊尔-76飞机上进行了多年的试飞试验，留下了很多影像资料，但很少有人能够近距离看清它的模样，更别说在机匣之内见过它真正的本体长啥样子了。2021年4月，央视终于曝光了涡扇-20发动机的真身，这是涡扇-20发动机的首次公开亮相。从画面上看，涡扇-20发动机的外观与C919客机的国产发动机CJ-1000A颇为相似。

目前，国内媒体对涡扇-20发动机的来源有两种说法。一种观点认为它脱胎于我国"太行"发动机涡扇-10，是在其基础上去掉加力燃烧室，加大外风扇直径等一系列改进后研制而成的；另一种观点则认为它对标CFM公司的CFM56发动机。这说明，涡扇-20发动机具备民用的潜力。

CFM56发动机是我国各大民航公司装备数量最多的客机动力系统，

B737 系 列 和 A320、A340 使 用 的 都 是 它。只 有 到 了 B737Max 系 列、A320Neo 和 C919，才改用最新的 CFM LEAP-1 系列发动机。一定程度上，可以说 CFM56 是 LEAP-1 的上一代发动机，在国内分别对应的发动机型号就是涡扇 -20 和 CJ-1000A。

出于满足未来市场的需求，C919 飞机采用了更先进的 CFM LEAP-1C 和 CJ-1000A 发动机，但是并不代表它不能使用 CFM56 和涡扇 -20 发动机，只不过要付出油耗和其他经济性能上的代价。在极端情况下，比如发动机被美国禁运的时候，经济和油耗对于 C919 飞机就没那么重要了。此时，涡扇 -20 发动机就可以作为备份，毕竟能够飞起来才是最重要的。

2020 年，美国打压中国科技的力度不断升级，这给 C919 未来能否长期稳定地采购 CFM 公司的 LEAP-1C 发动机蒙上了一层阴影。

在最糟糕的情况下，C919 也许只有一条路可走，那就是先用涡扇 -20 发动机飞起来，然后再逐步升级到 CJ-1000A 国产发动机。由于 CJ-1000A 发动机也有一些外国的设计和零部件，也不排除 C919 飞机在未来很长一段时间内都将面临只有涡扇 -20 发动机可用的局面。

从目前透露的消息来看，涡扇 -20 发动机的发展可能分为两个阶段，现在的第一阶段产品，推力相比 D30 和国产涡扇 -18 发动机并没有太大提升，但在油耗性能上大为优化，第二阶段才是推力升级的版本。不过，按照目前的情况，涡扇 -20 发动机最重要的不是推力升级，而是巩固第一阶段的成果。

首先，涡扇 -20 发动机是可以民用的，目前涡扇 -20 发动机的民用版型号名为 SF-A，但不意味着可以立刻民用，装机对象从运 -20 飞机变成 C919 飞机，它还要进行很多适应性的改装。其次，相比军用运输机，民用客机最重要的是可靠性，涡扇 -20 发动机初出茅庐，可靠性还需要继续接受考验。当然，最重要的是，由于装机对象从运 -20 飞机变成了运 -20 和 C919 两种飞机，航空工业对涡扇 -20 发动机的需求量大增，如何在保持质量稳定的前提下，提高涡扇 -20 发动机的产量，是当前面临的一大难题。

另外，虽然涡扇 -20 发动机在研发过程中，一直将油耗当作最为重要的性能指标之一，但与 CFM 公司的 LEAP-1C 发动机相比，还是有很大差距的。

涡扇 -20 发动机只能保证 C919 飞机飞起来，但如何保证 C919 飞机在国内各条航线上健康地发展，可能需要国家进行长期的补贴，才能培育出一个能盈利的国内干线市场。

面对潜在的发动机断供，办法总比困难多，涡扇 -20 此时出现，可谓是一场"及时雨"。而官方首次公开它的真实外形，也代表了一种信心和宣誓，作为当今世界第一大工业化国家，我们绝对不会允许别人卡住 C919 的脖子。

近日，国内社交平台上出现了国产运 -20A 战略运输机，正搭载国产涡扇 -20 发动机前往高原测试的消息。由于官方在 2021 年 9 月就公开了运 -20 飞机装备国产发动机试飞的消息，因此近期这一幕可以说完全在外界预料之中。

目前，国产涡扇 -20 发动机的基础性能外界仍然不得而知，但从官方展示的发动机直径，以及能保证运 -20 飞机性能达到理想状态（最大载重超过 65 吨）的效果来看，功率至少要增长 20%。

四、大飞机"心脏"，已在路上

2019 年 6 月，美国波音公司公布 5 月份商用飞机销售订单为零，这是波音 737Max 飞机全球停飞后，连续第二个月无订单。对此，有声音认为，该中国的 C919 飞机登场了，并呼吁首先从国内的航空公司开始，购买我们的国产飞机。

不可否认，一提到航空领域中国和世界最先进国家的差距，相信大多数读者都会不约而同地想到发动机。各种历史原因造成中国的航空发动机和美、俄、英、法等国存在较大差距，但近年来，CJ-1000 等大涵道比涡扇发动机不断取得巨大进展，说明中国大飞机国产"心脏"的研发已经快马加鞭，渐行渐近。

从 CJ-1000 发动机对外公布的推力数据来看，13 ~ 16 吨级的发动机属于 150 ~ 200 座级客机的动力，而中国商飞的 C919 正是这个级别的客机。

目前，C919 客机采用的是赛峰公司的 LEAP-1C 涡扇发动机，为了避免受制于人，中国商发已经启动了针对 C919 飞机的国产发动机研制工作，这就是国产 CJ-1000 大涵道比涡扇发动机。现在 CJ-1000 发动机已完成了首台整机装配、核心机试运转，以及点火试验，预计将在 2025 年以后投入使用。

根据中国商发官方网站的介绍，CJ-1000 发动机是一型双轴大涵道比直驱涡扇发动机，由 1 级风扇、3 级增压级、10 级高压压气机、单环形燃烧室、2 级高压涡轮及 7 级低压涡轮组成。CJ-1000A 发动机采用全三维气动设计、贫油预混燃烧、主动间隙控制等先进技术，以及宽弦空心风扇叶片、整体叶盘、新一代单晶、粉末冶金等先进材料工艺，具有高效率、低燃油消耗、低排放、低噪声、高可靠性、长使用寿命、低维护成本、良好的维修性等产品特性，整体技术指标达到或者接近 LEAP-1C 发动机的水平，优于现在使用的 CFM56 涡扇发动机，也优于涡扇 -20 发动机。

作为 C919 大飞机的主要竞争对手，空客新一代 A320Neo 客机的主要改进之一，就是使用 LEAP-1X 发动机替换 CFM56 发动机。在推力相当的情况下，LEAP-1X 发动机的巡航油耗比 CFM56 系列发动机要低 10% 以上。对于一款客机来说，换装新型发动机后，航程和油耗必定会有较大的改善。有人估计，A320Neo 飞机的油耗比改进前的 A320 飞机下降了 15% 以上。

CJ-1000A 大涵道比涡扇发动机对于中国发展大飞机意义非凡。它未来可以取代 LEAP-1C 发动机，成为国产 C919 飞机的动力系统。值得注意的是，新一代的 CJ-1000 大涵道比涡扇发动机比涡扇 -20 发动机性能更佳，因此也可以替代涡扇 -20 发动机。

航空发动机要想真正实现列装 C919 国产民航飞机，就必须首先通过适航取证。2022 年 10 月，CJ-1000A 发动机推进适航取证前动员会议召开，由此迈出了从研发走向装机的关键一步。

随着我国下一代宽体客机 C929 项目的启动，新一代 CJ-2000 发动机已经布局。目前，中国首台完全自主设计的商用航空发动机，即装配国产大飞机 C919 的首台 CJ-1000（也称作"长江 -1000"）发动机已经开始适航认证工作，而装配 C929 的 CJ-2000（也称作"长江 -2000"）发动机也正在研发之中。

此前，中国商发就已响应国家重大专项的要求，自主启动 CJ-2000 发动机的研发。目前该发动机已开始进行大部件、大单元体的试制和试验。

CJ-2000 也称为 AEF3500，和俄罗斯的 PD35、英国罗罗公司的瑞达

7000 一道作为 C929 飞机的备选发动机。

根据中国商发的报道，CJ-2000 发动机的核心机 C2XC-101 在 2020 年 3 月份时就已经点火成功，并达到了 100.6% 的转速。之后在 2020 年 8 月份，CJ-2000 发动机的研发又进入了一个关键性的节点，也就是整机装配阶段。从这些动态来看，CJ-2000 发动机的研发进展已经赶上了俄罗斯的 PD35 发动机。

另外，按照目前的研发进度，CJ-2000 发动机预计在 2028 年前后研制成功，这一时间节点比 C929 客机预计投入市场的时间要早上 2 年左右，所以说未来 C929 飞机直接采用 CJ-2000 发动机的可能性在逐渐提升。

CJ-1000 是我国第一款商用航空发动机产品，是目前装配国产大飞机 C919 的唯一国产动力系统，其研制成功可谓意义重大，将直接填补我国大推力航空发动机技术的空白。CJ-1000 发动机虽然能够满足我国大型飞机 C919，但仍不能满足下一代宽体客机 C929 动力的需要。而 CJ-2000 的推力将达到 350 千牛，完全能满足 C929 飞机的需要。

不管 CJ-1000，还是后续的 CJ-2000 项目，都属于近几年来国家精心培育的重点工程项目，充分体现了中国发展大飞机、发展大推力航空发动机的坚定决心。发展大推力涡扇发动机，是为满足当前我国大飞机制造的需求。值得注意的是，2018 年 CJ-1000 和 CJ-2000 发动机就已经分别改名 AEF1300 和 AEF3500 了。其中的 AEF 指的是 Advanced Engine Fan（先进涡扇航空发动机），1300 和 3500 分别指推力为 130 千牛和 350 千牛。

总而言之，中国只有掌握大推力航空发动机技术，才能手握航空强国俱乐部的"入场券"，才能真正打造自己的大国重器 —— 国产大飞机。

参考文献

[1] 沈海军. 中国航空史话 [M]. 北京：北京时代华文书局，2020.

[2] 沈海军. 中国航空简史 [M]. 北京：航空工业出版社，2020.

[3] 杨莉，沈海军. 航空航天概论 [M]. 北京：航空工业出版社，2011.

[4] 乐卫松. 大型客机设计 [M]. 上海：同济大学出版社，2014.

[5] 姜浩峰. 大飞机"三剑客"，蓝天逐梦 [J]. 新民周刊，2017（35）：50-55.

[6] 赵连兴. 运 10 飞机研制大事记 [J]. 航空档案，2005（6）：52-53.

[7] 民航华东地区史志编纂办公室. 上海民用航空志 [M]. 上海：上海社会科学院出版社，2016.

[8] 上海市地方志编纂委员会. 上海市志·交通运输分志·航空运输卷（1978—2010）[M]. 上海：上海辞书出版社，2018.

[9] 魏志祥. 各国民用飞机的发展道路 [M]. 北京：航空工业出版社，1994.

[10] 谢京. 我国自行研制的首架大型客机——运十 [J]. 航空知识，2000(11)：10-11.

[11] 高梁. 天高云淡 望断南飞雁——从"运 10"的夭折谈起 [J]. 经济管理文摘，1999（19）：11-23.

[12] 黄庆桥，顾天丽. 永不放弃：研制运十大飞机的历史经验与当代启示 [J]. 中国科技论坛，2022（8）：58-67.

[13] 罗昭伦. 中国第一架中型运输机诞生地揭秘 [J]. 环球军事，2008(12)：20-21.

[14] 霍安治. 开发中国的天空——民国时期的中航传奇 [J]. 同舟共进，2018（2）：53-56.

[15] 吴亮，周建华. 民国初期民用航空事业的兴建与发展 [J]. 西安文理学院学报（社会科学版），2014，17（6）：63-66.

[16] 吴永强. 通用飞机领域的常青树"运 -5"飞机 [J]. 集邮博览，2015(5)：79.

[17] 郭振华. 潘国定与"北京"号飞机 [J]. 北京档案，2004（12）：33.

[18] 高梁. 以 MD90 干线飞机项目为例谈中国民航工业的现状及其问题 [J].

航空史研究，2001（1）：32-35.

[19] 彭静宇. 改革开放与中国航空业·航空制造篇之一 "工业之花"含苞待放 [J]. 大飞机，2018（10）：12-15.

[20] 苏宁. AE100——中国民用飞机最大的国际合作项目 [J]. 中国对外贸易，1996（5）：14.

[21] 罗荣怀. 引领大众航空时代到来 [J]. 国防科技工业，2018（11）：25.

[22] 傅金筑. 国产新一代支线客机运 7-200A 型飞机进行飞行表演 [J]. 民航经济与技术，1998（12）：42.

[23] 吴兴世，杨琳. 从 ARJ21 到 C919——中国民用客机的自主创新历程 [J]. 百年潮，2016（4）：4-11.

[24] 老毕. 运 -7 发展得失谈 中国支线客机的发展历程（三）[J]. 航空档案，2009（5）：54-65.

[25] 于业. 新中国运输机（七）：新一代涡桨支线客机——新舟 60[J]. 航空世界，2001（2）：16-17.

[26] 谢鹏. 新舟 600：意志的胜利 [J]. 商务周刊，2008（C2）：68-70.

[27] 温家宝. 让中国的大飞机翱翔蓝天 [J]. 国防科技工业，2008（5）：6-9.

[28] 刘济美. 不忘初心：ARJ21-700 飞机立项始末 [J]. 大飞机，2015（1）：24-29.

[29] 王小龙. 马凤山：亲历新中国半部航空工业史 [J]. 大飞机，2019（4）：60-63.

[30] 张兴金，邓忠林. 浅谈纤维复合材料与中国大飞机 [J]. 纤维复合材料，2009（2）：24-26.

[31] 张吉昌，姜春海. 中国大飞机产业组织策略分析 [J]. 中国工业经济，2008（1）：59-67.

[32] 王祝堂. 铝材在国产大飞机上的应用 [J]. 轻合金加工技术，2016，44（11）：1-8.

[33] 张吉昌，孙敏. 中国大飞机产业链拆分与技术策略 [J]. 财经问题研究，2007（12）：42-46.

[34] 张彦仲. 大飞机气动总体技术的发展 [J]. 中国工程科学，2009（5）：4-17.

[35] 董一巍，李晓琳，赵奇. 大型飞机研制中的若干数字化智能装配技术 [J]. 航空制造技术，2016（C1）：58-63.

[36] 黄迪生. 数字化协同与大飞机工程 [J]. 中国制造业信息化，2008，37（18）：13-15.

[37] 刘双双，胡庆江. 中国大飞机市场预测分析 [J]. 技术经济与管理研究，2008（6）：118-120.

[38] 汪顺利. 基于数字化转型的飞机智能制造 [J]. 网络新媒体技术，2019，8（4）：21-28.

[39] 王振国，庞宁. 中国大飞机制造应何去何从 ?[J]. 中国民用航空，2007（5）：10-12.

[40] 郑建军，唐吉运，王彬文. C919 飞机全机静力试验技术 [J]. 航空学报，2019，40（1）：210-221.

[41] 姜丽萍. C919 的制造技术热点及最新研制进展 [J]. 航空制造技术，2013（22）：26-31.

[42] 黄春峰，唐丽君. 中国大飞机发动机研制任重而道远 [J]. 航空制造技术，2010（14）：49-52.

[43] 钟元. 一代材料 一代飞机——曹春晓院士从材料进化史看中国大飞机项目 [J]. 航空制造技术，2008（1）：36-39.

[44] 魏冷. "3D 打印"助力 C919 大型客机 [J]. 大飞机，2013（1）：42-45.

[45] 李丽雅，田云. 中国大飞机研发历程与技术突破 [J]. 中国工业评论，2015（A1）：36-43.

[46] 吴光辉，孙洪康. 玉汝于成——C919 大飞机研制历程 [J]. 档案春秋，2018（2）：4-9.

[47] 卢鹄，肖清明，李汝鹏，等. C919 大型客机的协同数字化工艺设计 [J]. 航空制造技术，2011（13）：26-30.

[48] 李宏瑞. C919 绝对是中国制造 [J]. 检察风云，2018（14）：84-85.

[49] 龚俊杰. 主制造商 - 供应商模式下专项质量检查及实践 [J]. 航空标准化与质量，2018（4）：38-41.

[50] 佚名. 携手共进 逐梦蓝天——中航西飞 C919 大型客机项目研制历程 [J]. 大飞机，2022（3）：34-36.

[51] 孙立. 航电 MRO 领域现新秀——昂际航电 [J]. 航空维修与工程，2021（4）：12-14.

[52] 佚名. 南京机电 C919 燃油产品 AC101 装机件交付客户 [J]. 航空维修

与工程，2015（8）：96.

[53] 刘强. 民机航电系统试飞验证的现状与展望 [C]// 安向阳，余策. 第六届民用飞机航电国际论坛论文集. 北京：航空工业出版社，2017：355-357.

[54] YVETTE. C919 飞机驾驶舱 [J]. 设计，2019（2）：42-43.

[55] 徐伟哲. 基于人因工程学的干线客机驾驶舱布局设计与仿真研究 [D]. 南京：南京航空航天大学，2013.

[56] 佚名. 中国自主研发大飞机 C919 铁鸟试验台 [J]. 流体传动与控制，2014（1）：5.

[57] 刘艳，陈经纬. C919 民用飞机飞控系统鉴定试验环境设计 [J]. 航空工程进展，2021，12（6）：153-160.

[58] 陶志辉. C919 主要国外供应商选择历程回眸 [J]. 大飞机，2013（2）：76-79.

[59] 余自武，韩铖熹. LEAP 发动机 —— 助力 C919 早日成功 [J]. 大飞机，2014（6）：46-48.

[60] 余晓洁，施雨岑. C919 "大发" 核心机部分关键技术取得重要进展 [J]. 科技传播，2018，10（5）：143.

[61] 贾远琨. 我国自主研制大客机发动机验证机首台整机点火成功 [J]. 仪器仪表用户，2018，25（7）：43.

[62] 佚名. CR929 远程宽体客机整体外形和尺寸正式确定 [J]. 大飞机，2018（6）：8.

[63] 佚名. CR929 远程宽体客机展示样机首次亮相国际航展 [J]. 民用飞机设计与研究，2018（4）：3.

[64] 北国防务. 中俄协商研发 35 吨级航空发动机打破欧美垄断 [J]. 仪器仪表用户，2018，25（10）：110.

[65] 黄建国. 电传飞控系统：先进大型客机的标志之一 [J]. 大飞机，2013（4）：54-57.

[66] 任军. 国产大飞机五大系统 "圈定" 供应商 [J]. 军民两用技术与产品，2010（5）：9.

[67] 王烨捷. 中国大飞机：国产化率从 60% 迈向 100%[J]. 科学大观园，2020（16）：34-35.

[68] 沈海军. 大飞机飞出大时代 [J]. 百科知识，2018（22）：12-18.